LÚCIO CARDOSO

50 ANOS DEPOIS

LÚCIO CARDOSO

50 ANOS DEPOIS

Leandro Garcia Rodrigues
(Org.)

Relicário

Dados Internacionais de Catalogação na Publicação (CIP) de acordo com ISBD

L938

Lúcio Cardoso 50 anos depois / organizado por Leandro Garcia Rodrigues. – Belo Horizonte, MG : Relicário, 2020.

184 p. : il. ; 15,5cm x 22,5cm.

Inclui bibliografia.

ISBN: 978-65-86279-13-9

1. Literatura brasileira. 2. Teoria e crítica literária. 3. Lúcio Cardoso. I. Rodrigues, Leandro Garcia. II. Título.

CDD 809
2020-2189 CDU 82.09

Elaborado por Vagner Rodolfo da Silva – CRB-8/9410

COORDENAÇÃO EDITORIAL Maíra Nassif Passos
DIAGRAMAÇÃO Kátia Regina Silva
REVISÃO Lucas Morais e Laura Torres
CAPA Ana C. Bahia
IMAGEM DA CAPA Cortesia do acervo do Instituto Martim Gonçalves

RELICÁRIO EDIÇÕES
Rua Machado, 155, casa 1, Colégio Batista | Belo Horizonte - MG 31110-080
relicarioedicoes.com | contato@relicarioedicoes.com

para Ésio Macedo Ribeiro

sempre querido,
amigo de Lúcio e
meu amigo.

SUMÁRIO

LÚCIO CARDOSO – AGORA, SEMPRE

Leandro Garcia Rodrigues

O colóquio *Lúcio Cardoso – 50 anos depois*, ocorrido em 14 de setembro de 2018, na Faculdade de Letras da Universidade Federal de Minas Gerais, por intermédio do seu Programa de Pós-Graduação em Estudos Literários e do Acervo dos Escritores Mineiros, contribuiu para (re)pensarmos e (re)avaliarmos a obra de Lúcio Cardoso.

Mineiro de Curvelo, estreou em 1934 com o romance *Maleita*, escrito na adolescência, evoluindo até a sua obra-prima – *Crônica da casa assassinada* – publicada em 1959. De uma obra múltipla, marcada pelo distanciamento dos temas de linhagem marxista de denúncias sociais, tão ao gosto da época, Lúcio enveredou pela investigação intimista da condição humana, pela análise das vicissitudes existenciais de ordem ontológica, comportamental e religiosa. Dessa forma, alinhou-se às propostas literárias de Octávio de Faria, Cornélio Penna, Augusto Frederico Schmidt, Clarice Lispector e a alguns aspectos de Guimarães Rosa, entre outros. Tudo isso confere à obra de Lúcio Cardoso um lugar ímpar na literatura brasileira, com uma qualidade inquestionável e que ainda precisa ser descoberta e sentida pelas novas gerações. Nesse sentido, "diversidade" é a palavra-chave para designar o referido colóquio sobre Lúcio na UFMG, que buscou analisar a sua obra nas mais diferentes perspectivas críticas, teóricas e expressivas.

Neste livro, há vários trabalhos que não foram apresentados no referido colóquio, ou então algumas contribuições diferem um pouco entre a versão apresentada no dia e a agora publicada. Interessante afirmar que o objetivo desta publicação foi aumentar o foco analítico sobre Lúcio Cardoso, admitindo outros ensaios que pudessem ampliar a compreensão crítica sobre esse autor, daí as pequenas diferenças entre o evento da UFMG e esta publicação. Diferenças que, na minha opinião, só enriquecem a memória e o legado de Lúcio.

Em "Heranças", Rafael Cardoso traz lembranças e fatos da família, da vida cotidiana de Lúcio, apresentando o grande escritor e sua atualidade aos novos leitores, despertando curiosidades e provocando (re)leituras.

Ésio Macedo Ribeiro, no seu "A nova edição de *Ana Karenina*", traz uma interessante abordagem crítica a respeito do processo de tradução feita por Lúcio Cardoso neste clássico do escritor russo Liev Tolstói, com as dificuldades e desafios próprios do ato de traduzir.

Gustavo Silveira Ribeiro, no ensaio "*Crônica da casa assassinada*: o sentido do trágico", volta ao clássico de Lúcio Cardoso, aquele livro que é considerado a sua obra-prima, no sentido de compreender o sentido e o sentimento de tragicidade próprios deste romance, colocando-o em diálogo com outras obras e autores.

Em "Destruir, diz ele", Denilson Lopes propõe uma olhada crítica – via teorias *queer* – sobre alguns aspectos da obra de Lúcio Cardoso, trazendo a lume certas questões dessa arqueologia tão complexa e ainda enigmática para alguns.

Em "Diários", trazemos alguns trechos do diário – ainda inédito – do escritor Walmir Ayala, que foi grande amigo de Lúcio Cardoso e fez vários registros a seu respeito no dia a dia do seu diário. Divulgamos aqui a parcela enviada pelo crítico literário André Seffrin, quem atualmente administra a obra e os direitos autorais de Ayala.

No seu "Experimentos narrativos em torno do melodrama", a professora Marília Rothier Cardoso explora o universo melodramático na obra de Lúcio – suas fontes, problemas, algumas abordagens e certos aspectos que o enriquecem.

Elizabeth Cardoso, no seu texto "Lúcio Cardoso e a força bruta que nos habita: a psicanálise em *Mãos Vazias*", analisa com profundidade esse romance nem sempre lembrado e valorizado, extraindo dele algumas questões importantes em torno dos dramas psicanalíticos aí expostos.

Fernando Monteiro de Barros, em "Lúcio Cardoso e Cornélio Penna: parcerias textuais do Gótico brasileiro", faz uma interessante hermenêutica comparada entre os estilos desses autores, tentando perceber conexões e diálogos em torno da temática gótica, um assunto ainda pouco estudado pela crítica especializada nas obras de ambos.

Leandro Garcia Rodrigues, organizador deste livro, traz "Lúcio Cardoso & Mário de Andrade – correspondência", transcrição e crítica da troca missivista inédita entre estes correspondentes. Um epistolário pequeno em quantidade de documentos trocados, mas de grande significado para os estudos literários. Em "Mário de Andrade leitor de Lúcio Cardoso", o mesmo ensaísta pesquisou todos os títulos de Lúcio presentes na biblioteca do autor de *Macunaíma*, transcrevendo a marginália inédita existente em alguns deles, acompanhando o processo de leitura de Mário sobre a obra do amigo.

Em "Lúcio Cardoso leitor", Ruth Silviano Brandão se debruça sobre as fontes de Lúcio: seus autores preferidos, seus livros, sua biblioteca. Quem Lúcio leu? Por quem deixou se influenciar? Algumas perguntas serão respondidas neste trabalho, outras provocadas.

No trabalho "Lúcio Cardoso – o artista da paixão", Beatriz Damasceno analisa o universo visual e plástico de Lúcio: alguns dos seus últimos escritos, a fase final do autor, desenhos e rabiscos que testemunham seus dramas finais.

Rodrigo Coppe Caldeira, no ensaio "Lúcio Cardoso: pecado e santidade de uma alma em ruínas", propõe uma abordagem teológica dos diários de Lúcio, uma intrigante análise desses textos sob a perspectiva da Teologia e suas tentativas de compreender os desesperos da alma do autor, registrados em várias passagens da sua produção diarística.

No ensaio "O cão e o crucifixo – Lúcio Cardoso e a prosa moderna", a pesquisadora Valéria Lamego analisa e problematiza alguns aspectos do cotidiano deste autor: suas relações de amizade, desafetos, predileções pessoais, seu universo particular – aspectos para conhecermos um pouco mais acerca de Lúcio.

Em "O pavão de luto", Luís Carlos Lacerda aborda alguns aspectos da obra de Lúcio pela lente do cinema, especialmente algumas adaptações que possibilitam um interessante diálogo entre literatura e a sétima arte.

Andrea de Paula Xavier Vilela nos oferece o seu "O que olha por mim são sempre olhos de menino: o criador de imagens", que também explora o universo imagético de Lúcio num saudável diálogo entre literatura e pintura, algo tão importante para compreendermos as diferentes expressões de sua obra.

Como explicação puramente metodológica, optamos por trazer primeiro os textos "Lúcio Cardoso – agora, sempre" e "Heranças" porque possuem um caráter de "apresentação geral" do livro. Os demais ensaios foram agrupados pela ordem alfabética dos seus respectivos títulos.

Pode-se dizer que Lúcio Cardoso é daqueles autores necessários à leitura e à problematização que a literatura pode despertar. Sua obra, infelizmente, ainda é desconhecida para muitos. Esta publicação pretende amenizar este hiato ou, pelo menos, provocar a leitura dessa produção tão singular – incompreendida por alguns e, ao mesmo tempo, tão amada e celebrada por tantos outros.

HERANÇAS

Rafael Cardoso

Quando Leandro Garcia me pediu para escrever um texto para este livro, recusei em princípio e por princípio. Não costumo escrever sobre Lúcio Cardoso por um simples motivo. Como titular da obra dele e também daquela de Maria Helena Cardoso, meu tio-avô e minha tia-avó respectivamente, ocupo posição privilegiada. Quem estuda esses autores é quase obrigado a passar por mim, nem que seja para pedir autorização para reproduzir um documento ou uma imagem. Para utilizar qualquer parte da obra, então, a responsabilidade jurídica exige minha anuência expressa. Por isso, não me meto a escrever sobre nenhum dos dois, por escrúpulo de não fazer sombra a quem dedica anos a estudá-los.

Não me considero *dono* de nada, mas é fato que, perante a Lei, sou proprietário. Isso quer dizer que detenho algum poder para controlar o uso da obra e, em tese, até mesmo para impedir pessoas de publicarem o que eu não achasse conveniente. Na prática, não é nada disso. Em todo o tempo que detenho os direitos autorais sobre essas obras, foram pouquíssimas as ocasiões em que me vi levado a negar uma autorização. Ao contrário, tenho por norte que tudo deve ser publicado e divulgado, mesmo o que é contrário ou controverso, e as únicas vezes que me vali da prerrogativa de dizer 'não' foi para preservar a integridade de alguma obra quando julguei que pudesse ser prejudicada por uma edição ou adaptação malfeita.

O poder que detenho é pequeno, mas seria o suficiente para causar estragos. Qualquer pessoa que conhece os bastidores do meio literário e artístico no Brasil sabe o quanto são problemáticos e temidos os herdeiros. Há escritores e artistas cujas obras vivem atravancadas, há anos e décadas, por viúvos, filhos, netos, parentes e outros que colocam empecilhos e exigências para o que quer que seja. Sou considerado um "bom herdeiro", porque autorizo quase tudo que me pedem e, na maior parte das vezes, sem cobrar nada. Nunca pedi para ler antecipadamente o que se escreve sobre meus queridos familiares, e nunca busquei censurar uma opinião, mesmo quando discordo visceralmente dela.

Encaro o desafio de administrar a obra alheia como uma grave responsabilidade. Tenho me desincumbido dela, o melhor que posso. Quando assumi a titularidade da obra de Lúcio Cardoso, em 1993, ela estava quase toda fora de catálogo havia mais de uma década. De lá para cá, com a ajuda de muitos parceiros – editores, organizadores, agentes, leitores –, conseguimos reeditar quase toda a obra publicada em vida e ainda resgatar uma ou outra coisa que permanecera inédita. Quando da morte de Maria Helena Cardoso, em 1997, o que ainda restava do arquivo pessoal de ambos seguiu para o Arquivo-Museu de Literatura Brasileira da Fundação Casa de Rui Barbosa, no Rio de Janeiro, onde permanece sob os cuidados de uma equipe de excelentes profissionais chefiada por Rosângela Florido Rangel. Nessa grande instituição pública, o acesso às obras está franqueado a qualquer pesquisador.

Quando me dei conta de que lá se vai mais de um quarto de século desde que assumi essa incumbência, decidi romper o silêncio e contribuir com algumas palavras para o presente livro. Ainda não se trata propriamente de um texto sobre Lúcio Cardoso. Nem precisava mais um. O livro já traz uma boa dezena de ensaios escritos por quem mais entende do assunto. Digamos que está mais para depoimento, um registro. No mínimo, é uma oportunidade de publicar meu agradecimento a algumas pessoas que vêm desempenhando papel central no trabalho de gerir o legado que recebi.

Quero expressar minha gratidão, primeiramente, aos familiares e aos descendentes dos seis irmãos Cardoso – Zizina, Fausto, Lelena, Adauto, Dida, Nonô – que sempre apoiaram a decisão de Maria Helena e Maria de Lourdes de centralizar em mim esse papel de administrar a obra. Faltaria espaço para citar todos, mas faço questão de nomear pelo menos os sobrinhos mais velhos, a geração dos filhos: Ana Lúcia Cardoso Goulart, Carlos Eduardo Cardoso, Cléo Cardoso de Aquino, Gilda de Barros Athayde, Maíza de Paula Xavier Vilela, Margarida Felicíssimo de Paula Xavier, Nadya Cardoso Denis, e mais os outros que ficam na saudade.

Não há palavras suficientes para agradecer aos pesquisadores que vêm mantendo a obra vibrante e renovada. Ruth Silviano Brandão, Marília Rothier Cardoso, Ésio Macedo Ribeiro, Valéria Lamego, Beatriz Damasceno, Andréa Vilela, Antonio Arnoni Prado, Cássia dos Santos, Enaura Quixabeira, entre muitos outros, são os responsáveis por jogar luz no subsolo cardosiano. Na frente editorial, não poderia deixar de agradecer a Luciana Villas-Boas, que resgatou Lúcio do vazio em 1999 e propiciou a reedição de sua prosa na editora Civilização Brasileira. Sou grato também a Andreia Amaral, que cuidou da obra durante boa parte dos vinte anos que permaneceu naquela casa, coordenando edições projetadas por talentos como Evelyn Grumach e Rico Lins, sucessivamente. Dentre os amigos e apoiadores, os que torcem para que Lúcio Cardoso receba na posteridade o reconhecimento do qual nem sempre desfrutou, queria expressar minha gratidão especial a Luiz Carlos Lacerda, André Seffrin, Wander Melo Miranda, Silviano Santiago, Dib Carneiro Neto, Gabriel Vilela, Daniela Carmona, Vânia Catani, Benjamin Moser.

É uma alegria constatar que a obra de Lúcio Cardoso permanece vivíssima, cinquenta anos após sua morte. Mais viva do que nunca. É também um espanto constatar que ela tenha passado metade desse período sob minha gestão. A gente sabe que está velho quando começa a relembrar tempos que para muita gente são históricos. Agora que se abriu a comporta, será que me atrevo a escrever mais? Eu ainda teria alguma coisa a dizer sobre o autor, que admiro com uma paixão antiga, mas não direi. Por incumbência do cargo, e também por um pouco de circunspecção mineira (tomada de empréstimo). Só me resta agradecer ao organizador e aos autores deste volume. Aos recém-chegados, que sejam bem-vindos ao assombro que é Lúcio Cardoso.

A NOVA EDIÇÃO DE *ANA KARENINA*[1]

Ésio Macedo Ribeiro

Em 2006, a Editora Civilização Brasileira começou a trazer de volta ao público as traduções realizadas por Lúcio Cardoso (Curvelo, MG, 1912 – Rio de Janeiro, RJ, 1968) nos anos 1940. A primeira reeditada foi *Orgulho e preconceito*, de Jane Austen, seguida, em 2013, por *Drácula*, de Bram Stoker. No primeiro semestre de 2016, saiu, em edição bilíngue, *O vento da noite*, de Emily Brontë, e agora chega a vez do monumental romance de Liev [Nikolayevich] Tolstói (Yasnaya Polyana, Rússia, 1828 – Astápovo, Rússia, 1910), *Ana Karenina* (Анна Каренина), publicado em 1878, cuja primeira tradução integral no Brasil é essa que o leitor tem nas mãos.

A primeira edição desse livro de Tolstói no Brasil ocorreu em 1930,[2] quando a Sociedade Impressora Paulista, situada em São Paulo, publicou uma tradução incompleta do romance, sob o título de *Anna Karenine*, realizada por Anôn. Somente em 1943 teríamos a primeira edição completa do romance, em tradução realizada por Lúcio Cardoso e publicada pela Livraria José Olympio Editora (RJ). Seguida, no mesmo ano, por outra edição. Dessa vez, feita pelos Irmãos Pongetti Editores (RJ). Mas é difícil saber quem foi o tradutor verdadeiro, pois essa editora, "nos anos 1940, recorreu com alguma frequência ao uso não autorizado de traduções publicadas por outras editoras", realizando apenas "algumas pequenas modificações nas páginas iniciais" (Bottmann, 2015, p. 161). A única informação que essa edição traz é que a tradução foi "revista" por

1 Texto inédito, escrito especialmente para a apresentação da nova edição do romance *Ana Karenina*, a sair pela Editora Civilização Brasileira.
2 Sobre as traduções de *Ana Karenina* no Brasil, ver o estudo da professora Denise G.[Guimarães] Bottmann, "Tolstói no Brasil". In: *Belas infiéis – revista do programa de Pós-Graduação em estudos da tradução da Universidade de Brasília*, v. 4, n. 3, p. 151-161, 2015.

Marques Rebelo. Em 1995, o Círculo do Livro (SP) publica *Ana Karênina*, mencionando que a tradução foi feita por Mirtes Ugeda, mas, na verdade, trata-se de plágio da tradução realizada por João Gaspar Simões, publicada em Portugal em 1971, "ligeiramente modificada com algumas alterações de superfície" (p. 158). Todas essas traduções foram executadas a partir de edições em francês, o que era muito comum no Brasil nessa época. Traduzidas diretamente do russo, apenas duas edições. A primeira, *Ana Karênina*, veio à luz no ano de 1950, pelas mãos de Rui Lemos de Brito, editada pela Editora Lux (RJ); e a segunda, *Anna Kariênina*, no ano de 2005, realizada por Rubens Figueiredo, publicada pela Editora Cosac Naify (SP).

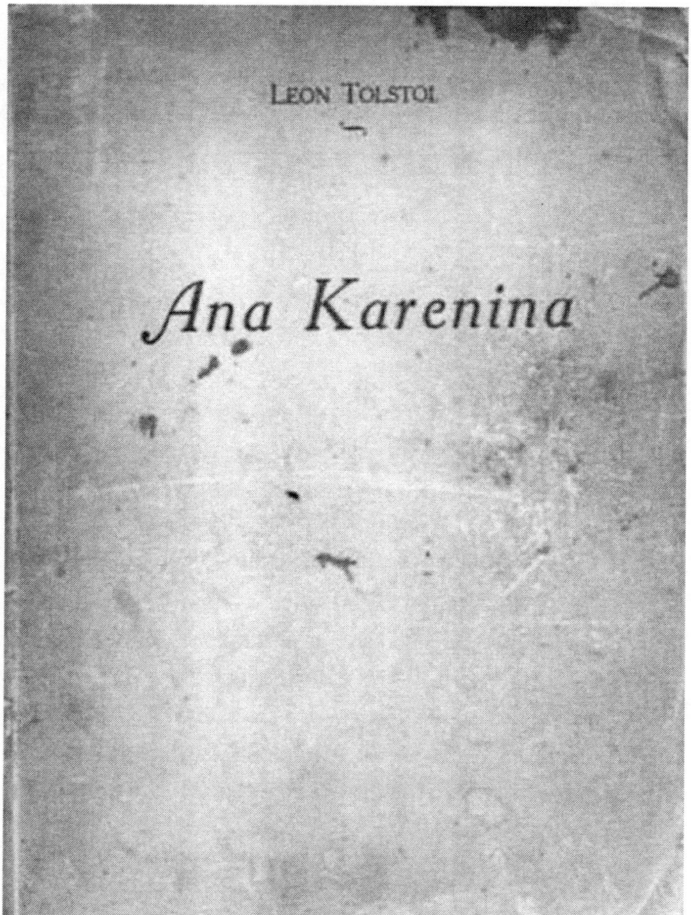

Capa da primeira edição completa de *Ana Karenina* no Brasil.

A tradução de Lúcio foi a de número 30 da Coleção Fogos Cruzados da Livraria José Olympio Editora. A capa ficou a cargo de Santa Rosa, e o retrato de Tolstói, de Osvaldo Goeldi. Teve uma tiragem comercial e outra, para bibliófilos, de duzentos exemplares em papel *Bouffant* extra, creme, numerados de 1 a 200. A essa se seguiram, sem nenhuma alteração, mais duas edições. Ambas pela Editora Tecnoprint [Ediouro] (RJ), respectivamente em 1985 e 1992, e introdução assinada por Otto Maria Carpeaux.

Página de rosto da primeira edição completa de Ana Karenina no Brasil.

De 1930 para cá, o perfil dos tradutores brasileiros mudou. Hoje, em vez dos medalhões da literatura brasileira, como Rachel de Queiroz, Erico Verissimo, Graciliano Ramos, Carlos Drummond de Andrade, Manuel Bandeira, Clarice Lispector e Lúcio Cardoso, que faziam traduções para amealhar um dinheirinho a mais no fim do mês, temos, em sua imensa maioria, tradutores técnicos traduzindo diretamente da língua original. Mas são traduções que não têm molejo, são duras, cartoriais. Assim, ao ler a tradução realizada por Lúcio Cardoso, o leitor terá a oportunidade não só de entrar na obra-prima de Tolstói pela porta da frente, como a de descobrir todas as nuanças e sutilezas que o escritor russo nela imprimiu.

***

A ideia para a história de *Ana Karenina* surgiu em 1872, depois de Tolstói ter visto o cadáver da jovem princesa Anna Stepanovna Pirogova, que cometera suicídio jogando-se sob as rodas de um trem depois de saber que seu amante planejava abandoná-la para se casar com outra mulher. Em 18 de março do ano seguinte, Tolstói começou a escrever o romance, trabalho que durou até 1877. Foi publicando-o seriado (13 números) no jornal *Russkiy Vestnik* ("Mensageiro Russo") a partir de janeiro de 1875 até abril de 1877, quando saiu a sétima parte do romance, faltando, portanto, a última. Isto porque Tolstói, com o surgimento da guerra nos Balcãs para a independência da Sérvia, sente-se inspirado a escrever o que chama de "Epílogo" ("Oitava parte") para o romance. Mas seu editor, Mikhail Katkov, recusa-se a publicá-lo por divergências ideológicas com Tolstói. O primeiro e toda a redação de seu jornal eram a favor da guerra, e o segundo contrário a ela. Assim, no verão de 1877, o escritor publica a última parte, às próprias custas, na forma de brochura. O romance se torna muito popular, tanto que, em janeiro de 1878, é publicada, em Moscou, na forma de livro, sua edição completa reunida em três volumes. Tornou-se imediatamente um *best-seller*. Só para se ter uma ideia, logo no primeiro dia, uma única livraria da capital russa vendeu 500 exemplares do livro.

Tolstói foi um profundo pensador social e moral e um dos mais eminentes autores da narrativa realista de todos os tempos. *Ana Karenina* – um dos melhores romances psicológicos da literatura moderna –, juntamente com *Guerra e paz*, marca a culminância do gênio do escritor russo, dentro do que os críticos chamaram de grande período de sua carreira, compreendido entre os anos de 1863 e 1878. Mas, enquanto em *Guerra e paz* Tolstói faz uma ressurreição do passado, em *Ana Karenina*, história de um amor trágico e adúltero, o ambiente é a sociedade russa dos fins do século XIX. Neste romance, o autor opõe aos amores culpados de Ana e Vronski os amores de Kitty e Levine. Mas o que importa aí é a tragédia de uma alma. Como *Fedra* – a heroína de

Racine –, Ana vê-se arrastada por Vronski, um belo e jovem oficial, a uma paixão fatal e irremovível. Daí abandona o filho e o marido para estar com Vronski. E, ao perceber que ele está cansado dela, não vê outra solução para o seu caso senão a morte por suicídio, jogando-se na frente de um trem em movimento. Mas, mais do que isso, o romance seduz ainda pela pintura viva e animada da alta sociedade russa de seu tempo, pelas admiráveis descrições do campo – Tolstói sempre foi excelente paisagista – e ainda pela psicologia de Levine, devorado por toda sorte de dúvidas, preso pela inquietação sobre o mistério da existência e conduzido finalmente a Deus por um humilde mujique que não sabe senão amar e crer.

Há, também, no romance, uma subtrama que diz respeito ao casamento feliz e contrastante de Levine e sua jovem esposa Kitty. A pesquisa de Levine para o significado de sua vida e de seu amor por uma existência natural e simples em sua propriedade são reflexões dos próprios estados de vontade de Tolstói e, também, pensamentos sobre a passagem do tempo. Neste romance, Tolstói começa a expor suas dúvidas e tormentos, o que só viria a tratar de modo mais abrangente em *Confissão* (1879-1882), mistura de depoimentos e reflexões filosófico-teológicas, onde registra sua intensa crise de fé, seus questionamentos sobre o sentido da vida e o confronto com desejos suicidas.

Segundo Otto Maria Carpeaux (1985, p. 10),

> O conflito entre arte e moral, em Tolstói, não tinha solução. Levou-o vinte anos depois, a amaldiçoar, no tratado Que é a arte? (sic), toda e qualquer arte literária, inclusive sua própria. Mas o conflito fora teórico. Na prática, a harmonia entre as intenções conflitantes estava realizada em *Ana Karenina*, 'o mais sério' romance e o 'mais romance' dos romances de Tolstói e, talvez, da literatura russa.

A singularidade das páginas de *Ana Karenina* fez com que esse romance fosse um dos mais adaptados da literatura, tendo sido adaptado para teatro, música, rádio, televisão, cinema e ópera. Existe até um romance-paródia escrito por Ben H. Winters, publicado em 2010, chamado *Android Karenina*. O que prova que o livro de Tolstói permanece popular. Tanto isto é verdade que, em 2007, a prestigiosa revista *Time* fez uma pesquisa com 125 autores contemporâneos, e eles elegeram *Ana Karenina* o "maior livro já escrito".

Tolstói não foi um gigante só no campo literário – lembrando que foi contemporâneo de escritores como Dostoiévski, Turguéniev, Tchékhov, Dickens e Balzac –, foi um dos homens mais importantes da Rússia de seu tempo, em muitos momentos considerado um resumo e um modelo arquetípico do país.

A presença de Tolstói na vida russa foi tão ostensiva que ele inspirou uma seita com milhares de seguidores, o tolstoísmo, uma espécie de cristianismo radical.

Finalmente, não só vale conhecer esta obra-prima de Tolstói, mas também toda a obra que ele nos legou, e mais, a sua biografia, que é um romance à parte.

***

Para esta edição, fiz uma revisão técnica completa do texto. Com isso, pude detectar e corrigir erros e problemas que passaram naquela primeira edição publicada pela Livraria José Olympio Editora.

Como a edição que segui foi publicada no ano de 1943 e seguia o Formulário Ortográfico promulgado em 12 de agosto daquele ano, atualizei a ortografia seguindo as normas atualmente vigentes, que são as do Acordo Ortográfico da Língua Portuguesa firmado em 16 de dezembro de 1990.

Também revi e corrigi, quando se fez necessário, palavras e frases em línguas estrangeiras: francês, espanhol, inglês e alemão.

Corrigi, ainda, palavras grafadas erroneamente; a conjugação verbal, o plural, a pontuação – principalmente as vírgulas –, e uniformizei o uso do travessão e das aspas na apresentação dos diálogos. Do mesmo modo, passaram por revisão os lapsos gramaticais, como a falta de uma preposição, por exemplo: de: "através hipocrisia" para: "através de hipocrisia".

Revi e uniformizei os nomes das personagens. E, por ser comum o uso de palavras estrangeiras em textos e conversas do/no século XIX, principalmente na língua franca das classes dominantes, que era o francês, e ainda que já tenhamos essas palavras aportuguesadas, decidi-me por mantê-las assim: *abat-jour* em vez de abajur; *croquet* em vez de croquete; *bouquet* em vez de buquê; *cognac* em vez de conhaque; e *toilette* em vez de toalete.

Optei por grafar o nome do escritor deste modo: Liev Tolstói, como é utilizado nas traduções recentes no Brasil, em detrimento dos muitos outros que foram utilizados em publicações do passado: Leão Tolstói, Leon Tolstoi, Léon Tolstoi, Leon Tolstói, L. Tolstoi, Lev Tolstoi e Lev Tolstói. Mas mantive o título *Ana Karenina*, conforme Lúcio Cardoso o traduziu, em vez das outras formas que já foram ou que ainda são utilizadas: *Anna Karenine*, *Ana Karênina* e *Anna Kariênina*.

Também, com a intenção de distinguir a ordem de ocorrências dos principais fatos na vida e época do escritor, inseri, no início do livro, uma "Cronologia da vida e época de Tolstói", abrangendo os anos de 1828 a 1910.

Finalmente, agradeço imensamente ao Grupo Editorial Record e Editora Civilização Brasileira, nas pessoas de Andreia Amaral e Leticia Feres; André Seffrin, George Finkelstein (*in memoriam*), João Adolfo Hansen e Rafael Cardoso.

Chicago, 15 de março de 2018.

CRÔNICA DA CASA ASSASSINADA: O SENTIDO DO TRÁGICO

Gustavo Silveira Ribeiro

1. Tragos, ruína: corpo e casa

A incompletude e a falta marcam o romance imenso de Lúcio Cardoso, *Crônica da casa assassinada* (1959), de modo incontornável e paradoxal. Composto por inúmeros fragmentos de textos, retalhos de narrativas, confissões, trechos de cartas e diários íntimos, experimentações com todos os gêneros e seus limites,[1] repleto mesmo de anotações à margem e sobrescritos, o livro é, em mais de um sentido, lacunar – mesmo com a sua disposição ampla de narrativa total, parte de um projeto nunca terminado e ainda mais ambicioso, voltado para o conhecimento da vida interiorana e insuportável da província mineira. As muitas partes que constituem a *Crônica da casa assassinada* nunca se completam, interrompidas ou

1 A reflexão sobre a questão dos gêneros parece fazer parte, de modo incontornável, da *Crônica da casa assassinada*: desde a passagem sutil entre a prosa realista (de forte inclinação ao século XIX) e a prosa poética que estrutura o romance; a profusão de modos narrativos que o atravessam (a narrativa epistolar, a exposição de diários íntimos, as muitas formas da escrita de si: confissão, memória, delírio), bem como a discussão sobre gênero, corpo e sexualidade que se dá nas suas páginas, especialmente no tocante ao personagem Timóteo e às lembranças que evoca de uma antepassada, mulher, que se rebela contra as imposições patriarcais e quer reinventar a si e as formas de inserção social e vivência do feminino – tudo, ou quase tudo no romance parece questionar a normatividade e a regulação implícita na questão dos gêneros, fazendo da superfície textual palco para a crítica que se dá pela exploração exaustiva, inquieta, das múltiplas possibilidade e identidades, e também por um tipo de performance que virtualiza a instabilidade da lei e faz visível a sua crise e a sua falência. Para uma análise mais completa do problema, ver Derrida (1986).

sucessivamente prolongadas em novas passagens, novas peças de uma totalidade impossível, para a qual sempre resta alguma coisa a dizer ou a preencher. O emaranhado de versões que o romance instaura, verdadeira Babel de vozes e pontos de vista dispostos de modo não-cronológico, produz, em meio ao esplendor luxuriante do estilo – sibilante, melífluo, encantatório –, a ruína do edifício narrativo tradicional, cuja matriz está assentada no romance europeu do século XIX. A confecção de um texto sem centro, cujas camadas vão sucedendo-se umas às outras, entrelaçando-se numa trama forte, mas que encobre, ainda assim, uma ausência – que será também no romance um interdito, algo que escapa ao pensamento e à representação, algo que, presente na matéria densa da linguagem como dado sublime, feito de elevação e assombro, no entanto, não se revela na sua superfície e vai se desfazendo diante dos olhos do leitor, sem que houvesse chance de o contemplar por inteiro.

Nesse sentido, a repetição tem papel decisivo na composição do livro: a cada nova volta do parafuso, isto é, a cada novo texto que se acumula e oferece uma fresta diferente do universo ficcional proposto pelo autor, menos o mistério se aclara: aquilo que parece bloqueado ou de difícil acesso no livro, que foge mesmo à medida que avança a escrita, menos se compreende quanto mais se acumulam as passagens do romance e as informações que elas apresentam. Um dos efeitos desse processo, segundo Ruth Silviano Brandão (cf. 1998), é a impossibilidade da instauração de uma verdade qualquer no romance: versões e contraditórios, falas sobre falas que inviabilizam a veracidade e acentuam a aposta do autor num tipo de ficcionalidade absoluta, de escrita que se desdobra em si mesma, atenta antes às suas demandas internas do que ao dado exterior; de outro modo, essa proliferação de palavras dá conta de um silêncio estruturante, que age como fator de condicional: dizer mais, continuar a falar ou escrever denuncia, por subtração, aquilo que não consegue ser encoberto e informado pelas palavras, antes resistindo a elas. Diante das palavras, o centro do labirinto: o vazio.

Os pedaços soltos, as peças deslocadas que restam ao leitor expõem uma variedade grande de personagens, conflitos e situações dramáticas que, no seu conjunto e em sua interação sempre problemática, só podem oferecer uma certeza negativa: é de morte que se trata no romance, de uma vida ou um conjunto de vidas destruídas e irrecuperáveis; de um lugar, de elementos culturais específicos e convencionais, de formas no espaço, objetos que também declinam. Tudo está em movimento nesta *Crônica*: tudo apodrece e corrói e se desfaz, tudo (pessoas, relações, coisas) se desloca para o seu fim, deixando buracos atrás de si como um rastro lento, curiosamente indelével. A destruição como legado, como aquilo que permanece. A fortuna familiar que se consome, o prestígio de um nome e o peso aristocrático do passado; o casamento, os laços de sangue, o amor (mas não o desejo)[2] definham e se rompem; a casa imponente e os móveis outrora luxuosos que a povoam, por sua vez, vão eles mesmos declinando, virando pó; o mundo inteiro, enfim, parece engolfar-se em si, em entropia irresistível, num processo aparentemente infinito de decadência. Tudo está em movimento no romance: tudo lentamente cai.

Dois corpos, por assim dizer, ocupam posição privilegiada nessa fenomenologia da queda que tem lugar no romance de Lúcio Cardoso: o corpo antes jovem e belo de Nina, ora devorado implacável e como que publicamente pelo câncer; e o corpo antigo e austero da Chácara, a propriedade familiar dos Meneses que, ao longo de toda a narrativa, vai sendo carcomida pelo tempo e pela ausência de recursos. A beleza avassaladora da mulher de Valdo, o fausto anterior da casa e das muitas gerações que antes a habitaram são objeto de um processo exemplar, posto que sabido por todos, dado à curiosidade geral, e matéria de análise e meditação continuada: seu destino mortífero e falimentar condensa a desgraça humana e econômica que se desenvolve nas páginas do romance, e é em torno dele que a história de destruição se organiza.

De um lado, o fechamento completo da família tradicional em torno de preceitos morais agora tornados impossíveis, posto que fundados no universo antimoderno que até meados do século XX orientaram a vida em Minas Gerais: catolicismo místico, segregação social, poder senhorial erguido sobre a posse fundiária e a ociosa renda da terra. A não-aceitação de Nina (representante de outro lugar e outro tempo, elemento externo contaminante, por assim dizer, ao ambiente conservador e aparentemente imutável da Chácara) dá conta disso. Por outro lado, mas de modo conexo, a agonia social do lugar, a perda progressiva de poder e prestígio, acompanhada do endividamento e da dispersão da antiga riqueza, sinalizam também a inatualidade dos modos de organização

2 Em perspectiva psicanalítica, o desejo é, também ele, falta, lacuna, ausência infinitamente renovada, febre sem objeto que não, em última instância, ela mesma. Daí a sua resistência: se o amor e as relações sociais, as convenções familiares e morais, se corrompem e extinguem, no romance de Lúcio Cardoso, o desejo, motor invisível da procura e da destruição que no texto têm lugar, permanece à tona, quase palpável (paradoxalmente) dada a sua condição absoluta, difusa em todas as direções e aberto, incompleto.

da vida e do trabalho que ali se davam, mal adaptada que estava a propriedade (e a vida familiar em seu entorno) à aceleração das trocas capitalistas e à concentração de recursos e poder nas cidades industriais, relegando as velhas estruturas do campo a um envelhecimento atrofiante.

A dupla origem da tragédia que tem lugar no romance talvez esteja aí, nessa espécie de descompasso crônico, ao mesmo tempo inconsciente e desejado: ultrapassada de modo violento pelas novas formas sociais, a sobrevivência da Chácara é impossível, e não resta muito aos seus moradores senão assistir ao espetáculo infeliz de seu apequenamento e morte; junto a isso, porém, está também, inseparável, o sentimento de grandeza dos Meneses, seu orgulho de proprietários e o apego a um conjunto de valores arcaico, organizado em torno de uma moralidade religiosa e ressentida, um mundo de segredos do corpo e das relações que só se expõem quando uma crise os precipita para fora, em direção àqueles que serão responsabilizados pela desagregação. Aqui, antes e sobretudo, Nina, aquela que representa, no seio da narrativa, os choques da Modernidade. Essa relação problemática com o tempo se pode observar em todo o romance, como uma questão subterrânea que o atravessa e condiciona. André, o primeiro e desesperado narrador, anota em seu diário logo no início do romance (sintomaticamente, no entanto, no fim do processo que se desenrola no curso do texto), a percepção de que corpo e casa estão entrelaçados e que o tempo opera pateticamente sobre ambos:

> Ah, era inútil relembrar o que ela fora – mais do que isto, o que havíamos sido. A explicação se achava ali: dois seres atirados à voragem de um acontecimento excepcional, e subitamente detido – ela, crispada em seu último gesto de agonia, eu, de pé ainda, sabia Deus até quando, o corpo ainda vibrando ao derradeiro eco da experiência. Nada mais apetecia senão vagar pelas salas e corredores, tão tristes quanto uma cena de que houvesse desertado o ator principal – e todo o cansaço dos últimos dias apoderava-se do meu espírito, e a sensação do vazio me dominava, não um vazio simples, mas esse nada total que substitui de repente, e de modo irremissível, tudo o que em nós significou impulso e vibração. Cego, com gestos manobrados por uma vontade que não me pertencia, abria as portas, debruçava-me às janelas, atravessava quartos: *a casa não existia mais.*
> (Cardoso, 2002, p. 10; *grifo nosso*)

A equiparação entre a mansão e a mulher, ambos parecendo antes imunes, mas finalmente entregues à dissolução inexorável, nesse trecho aparece com toda a clareza: "a casa não existia mais". A desaparição de um implica, por uma espécie de confluência, o cancelamento do outro.[3] André, dentro mesmo da casa, constata a sua morte, a inexistência das paredes que o envolvem, transformadas em presença-fantasma assim como, diante de si, o cadáver de sua presumível mãe e obsedante objeto de desejo, que ali, inerte, está e não está mais. A trajetória de Nina como síntese da vida impossível, da beleza que não pode subsistir em meio às brutalidades sufocantes da tradição colonial e da religiosidade dogmática do interior, feitas de silêncio, melancolia e violência. A sua inadaptabilidade permanente (de Nina), as tentativas de escape e os retornos continuados à casa que tanto detesta dão a ver o círculo infernal que se erguia em torno dela, e do qual a doença parecia ser a continuidade inevitável e o desdobramento interno, dentro mesmo do corpo, do clima insalubre e opressivo que a rodeava.

A Chácara, por sua vez, elemento decisivo do romance e muito mais que uma moldura a envolver os personagens e seus venenos sutis, condensa em si muitos dos sentidos possíveis da decadência que, bem ou mal, estrutura a *Crônica da casa assassinada*: o contínuo abandono a que ela está relegada no presente imediato da escrita faz do espaço uma espécie de ruína viva, índice de um passado que não terminou ainda de passar. Antigo centro de um mundo rural ativo e próspero, assentado sobre a posse extensiva da terra, do mando senhorial e do trabalho escravo e servil, a casa agora já não abriga tantos empregados e parentes: não há mais serviço produtivo a ser feito e a linhagem familiar está quase que praticamente interrompida. Só a bastardia (como o romance sugere), com sua força de dor e incerteza, seu aspecto rebaixado nas genealogias e ficções familiares, poderia continuá-la.

O processo de modernização a que o mundo social do romance está inapelavelmente submetido chega à casa apenas como eco e lamento: sem ser jamais incorporado em suas consequências eventualmente renovadoras, ele apenas acentua, por contraste, a fixidez mórbida do passado perdido e acelera a decadência a que o clã dos Meneses assistirá e experienciará. A ausência do antigo poder total, o seu esvaziamento lento (mas não completo) faz da casa um território de transição: um quase cadáver que, no entanto, pela sua presença mesma, ainda se inscreve no mundo dos vivos, expondo a sua agonia perpétua,

3 Ou, num outro registro, mas na mesma direção, lê-se numa das narrativas do médico da família Meneses: "[...] a verdade é que de há muito eu pressentia um mal qualquer devorando os alicerces da chácara. Aquele reduto, que desde a minha infância [...] eu aprendera a respeitar como um monumento de tenacidade, agora surgia vulnerável aos meus olhos, frágil ante a destruição próxima, *como um corpo gangrenado que se abre ao fluxo dos próprios venenos que traz o sangue*" (Cardoso, 2002, p. 149; *grifo nosso*).

a sua finitude a conta-gotas que todavia não se completa, parece que não vai terminar mais.

Como o corpo cheio de escaras de Nina, que desvanece nauseabundo e fascinante, o corpo oco da casa se desfaz continuamente, num processo que lembra a representação alegórica da morte que, no drama trágico alemão do século XVII, tem lugar: conforme expõe Walter Benjamin, seu intérprete decisivo, os espetáculos de então ofereciam ao público a visão de um morrer contínuo, um armagedom sem desenlace que se realiza mais plenamente na representação do cadáver: o corpo morto do príncipe (personagem fundamental da maquinaria dramática barroca), depois da devastação sangrenta ou mística, permanecia em cena, dado à contemplação geral: seu fim não redimia o que quer que fosse ou encerrava a função teatral: ao contrário, permanecia ali como rastro, resto incontornável, resíduo que era, ao mesmo tempo, a materialização do elemento mais abjeto e insuportável e a "imagem petrificada da História" (cf. Benjamin, 2004, p. 54-60), um dado imanente que afasta, segundo o próprio Benjamin, as abstrações e símbolos a que a compreensão da morte permaneceu por tanto tempo, na tradição judaico-cristã do Ocidente, relegada. A fascinação que o homem medieval (e também o do barroco) tinha pelo corpo sem vida, síntese da existência e dos seus inumeráveis sentidos, deixava perceber a centralidade que a morte ocupava na cultura do tempo, elemento que a tudo entranhava, banhando o mundo em uma luz mortiça e esquiva, mas ainda assim luz, posto que permitia ver o real a partir dela filtrado de outro modo, em diversas tonalidades (cf. Benjamin, 2004, p. 241-242). O que o autor de *Origem do drama trágico alemão* procurava observar e descrever criticamente (logo em modo de apropriação e de forma projetiva) nos textos do século XVII tinha a ver com um tipo específico de reflexão que queria fazer emergir o sentido do tempo das ruínas orgânicas (materiais, sobretudo, mas não apenas) do poder e do Estado.

Nesse sentido, a madeira que se esfarela, a pintura e os objetos de decoração que descascam ou se quebram, os quartos que se enchem de lacunas e trapos, bem como o corpo agônico de Nina, a personagem que mesmerizava a atenção de todos na Chácara – encantando-os e repugnando-os quase que na mesma medida – e que desfila em tantas passagens do texto moribundo e desvalido –, apontam para o sentido trágico (um trágico moderno e residual, é claro, uma vez que a perspectiva expiatória e comunitária da tragédia clássica não tem lugar aqui, num tempo e numa configuração simbólica de todo distantes do contexto arcaico e mítico que sustentava a matéria trágica, tal como descrita por Aristóteles)[4] do romance: nele, a abjeção da finitude mais imediata, da morte despida de toda a transcendência possível, permanece no coração da cena como um *memento mori* profano, uma reflexão moral que não guarda seu suporte no lastro divino, mas que se abate sobre os homens como condenação infinita de um pecado que, não nomeado ou redimível, pesa como chaga, expõe-se como ferida infeccionada.

E nele também, por fim, se cristaliza como máscara terrível o sentido catastrófico do tempo, isto é, o desastre histórico da permanência das velhas estruturas sociais em meio à aceleração modernizadora, seu processo constante de desenraizamento e crise: o mundo patriarcal e aristocrático que, de forma quase paródica, se desmantela na *Crônica da casa assassinada* é a repetição, em escala nacional e culturalmente determinada, da Queda originária, que teria lançado os homens no universo da necessidade e do conflito. A narrativa do fim das casas-grandes do interior do Brasil (tantas vezes retomadas na literatura de meados do século passado, do seminal *A menina morta* (1954), de Cornélio Penna, aos ciclos dos romances nordestinos de José Lins do Rêgo, passando por um poema fundador como "Os bens e o sangue", de Carlos Drummond de Andrade, do qual será preciso falar mais detidamente a seguir) colocava a nu aquilo que, na instituição violenta do poder senhorial, estava antes soterrado nos paraísos perdidos que existiam em fazendas e cidadezinhas do interior. A imagem cadavérica que essas narrativas e peças líricas mostravam, e que o romance de Lúcio Cardoso concentra com brilhantismo, são o instantâneo de certos traços da vida social brasileira, retrato em negativo da sociedade cordial e conciliatória, circunspecta e piedosa, que se erguia sobre os escombros de uma realidade autoritária.

2. Histórias de fantasmas

Entre tantos desses textos, um, pelo menos, parece ganhar maior relevo quando o romance de Lúcio Cardoso serve de ponto de comparação e referência, em especial quando a questão do trágico é posta em destaque. Publicado em *Claro enigma*, de 1951, como parte do caderno "Selo de Minas", de clara inclinação memorialística, o poema longo "Os bens e o sangue", de Drummond, guarda

4 Para uma leitura mais ampla da questão, em perspectiva histórica e filosófica, ver o trabalho de Peter Szondi, *Ensaio sobre o trágico* (2004).

mais de uma afinidade com o clima geral soturno, as múltiplas perspectivas que se acumulam em camadas de tempo sobre os indivíduos, as fantasmagorias e maldições da linhagem familiar, as imagens de dilapidação e decadência econômica que constituem, como se sabe, o dado mineiro de *Crônica da casa assassinada*. Apresentado como um concerto de vozes e estilos que se precipitam do passado em jorros estudados, o poema confunde, num só lance, o destino pessoal e a história da comunidade, ao mesmo tempo o aspecto dramático e irônico que guardam.

O "menino inda não nado" (Andrade, 2012, p. 77), a quem se destinam as falas dos antepassados, e que também assume, ele mesmo, a sua própria voz ao responder aos "monstros lajos e andridos" (Andrade, 2012, p. 80) na penúltima parte do poema, vê toda a fortuna e o antigo fausto familiares se esvaírem ao longo das gerações – como se uma condenação se abatesse sobre os seus, impelidos a trocar desfavoravelmente, entregando as posses e prendas sem nada deixar ao futuro, às gerações que terão nesse menino-personagem, estuário final das linhagens do sangue, o vazio e a despossessão como uma "riqueza só, abstrata e uma" (Andrade, 2012, p. 77). Assim, a primeira parte do poema apresenta, em linguagem jurídica e estilo cartorial, a súmula dos procedimentos comerciais que, para o clã familiar, são verdadeiramente uma ética da renúncia e uma religião do gasto, dado que a venda se dá antes como exercício de desregramento e irresponsabilidade do que como prática racional e consequente:

> deliberamos vender, como de fato vendemos, cedendo posse jus e [domínio
> e abrangendo desde os engenhos de secar areia até o ouro mais fino,
> [nossas lavras mto. nossas por herança de nossos pais e sogros bem-amados
> [...]
> e o q não for vendido, por alborque
> de nossa mão passará, e trocaremos lavras por matas, lavras por mulas,
> [lavras por mulatas e arriatas,
> q trocar é nosso fraco
> (Andrade, 2012, p. 76)

A gradação em descenso que figura no poema, numa sucessão interminável de operações de câmbio que vão caindo de valor, indica a vacuidade final do processo, voltado para a liquidação do que havia sido acumulado. Num mesmo gesto, condensado pelas imagens do poema, vê-se também a progressiva e inexorável decadência financeira das Minas Gerais: de antigo centro da vida colonial, a província passa, com o declínio da produção aurífera e com as condições injustas do extrativismo mineral que o vai suceder, a ser uma sombra de si, território ainda orgulhoso de suas origens patriarcais e suntuosas, mas que se esvazia de qualquer grandeza para se tornar, com o correr dos séculos, palco de uma industrialização tardia e predatória, incapaz de redimir a miséria reinante da maioria, lembrada no poema de Drummond na evocação das figuras dolorosas dos deserdados da sorte – "os pretos", "os palhaços", "os doidos" (Andrade, 2012, p. 80) – com os quais o poeta afinal se identifica, reivindicando nessa proximidade uma família espiritual que vai de encontro às relações de sangue que terminantemente recusa.

O que parece familiar também se alarga e estranha no texto, revelando um procedimento comum neste e em tantos outros poemas de Drummond: aquilo que parece restrito ao universo da casa e da intimidade (como em "Os bens e o sangue", que tem na memória dos outros o seu pasto fundamental) aos poucos e de modo às vezes sutil vai se desnudando mais amplo, atento ao dado histórico e social. Assim, a enumeração de um conjunto tradicional de cidades de Minas ("Itabira Ferros Guanhães Cocais Joanésia Capão" [Andrade, 2012, p. 76]), muitas delas antigos centros da corrida pelo ouro e hoje voltados à extração de ferro e minérios ligados à indústria do aço,[5] desfazem o traço exclusivamente pessoal dessa evocação do passado, fazendo com que os fantasmas falem por toda uma região e cultura, e não apenas por um grupo particular. O aspecto comunitário dessa espécie de expiação trágica (precedida pela exposição dos delitos e pelo humor peculiar dos mortos) é evidente, na medida em que o processo sobre o qual o poema se debruça é comum a um setor considerável das antigas elites rurais brasileiras,[6] destronadas ao longo do século XX – caso também de Lúcio Cardoso e de seu romance mais importante.

A culpa e a danação parecem ser, no poema, motivos fundamentais, assim como na *Crônica da casa assassinada*. A corrupção do espaço

---

5 Retomando e aprofundando enormemente a intuição crítica de Silviano Santiago, José Miguel Wisnik, em livro recente, *Maquinação do mundo* (2018), expõe os laços muito importantes da poesia de Drummond com a mineração, e por consequência com a terra de Minas, vista em toda a sua materialidade pedregosa e explorável em um sem número de poemas, todos eles voltados para a elaboração, em sentido freudiano, da derrota imposta pelo capital à vida das pequenas comunidades e do próprio meio ambiente, ameaçado de forma contínua pelo extrativismo desenfreado.

6 Para um estudo aprofundado (ainda que em outra direção) das relações entre a decadência econômica da antiga elite rural e os modos da modernização social do país, incluindo a constituição do novo Estado e os pactos sociais que o tornaram possível, ver *Intelectuais e classe dirigente no Brasil (1920-1945)*, de Sergio Miceli.

circundante, as relações sociais do presente carcomidas por memórias e ressentimentos antigos, muito fundos, tudo isso pode ser visto, de modo semelhante, nos dois textos. A inadaptação do menino à vida no campo e às tarefas brutas do ouro, das fazendas e do mando, a descontinuidade em relação à tradição patriarcal e à linhagem paterna, vão se expressar em "Os bens e o sangue" a partir de uma ambiguidade que perpassa todo o poema, estruturando-o: a alternância formal e estilística do texto que ora deixa ver uma linguagem de escriturário, típica de proprietários (como na primeira parte), ora recorre às repetições e às expressões populares comuns à cultura oral (a dos escravos em primeiro lugar), e que traduz, no seu movimento, a origem aberta do sujeito lírico, dilacerado entre os dois lados do espectro social e afetivo propostos pelo poema. Consciente do fardo senhoril que lhe pesa às costas, mas identificando-se com escravizados e explorados em geral, amando-os e sendo amado e protegido por eles, o menino em torno de quem tudo no texto circula não está confortável em nenhum lugar, e sua condição difícil se representa por imagens cheias de horror e autodepreciação, através das quais procura verbalizar a culpa, o sentido de traição que, de algum modo, sabe marcar a sua relação com o passado e os seus parentes. Traição afetiva, por certo, mas também traição de classe, posto que feita como exposição de segredos invioláveis e mecanismos de mando que condicionavam a vida dos latifundiários e herdeiros de lavras, aqueles que construíram a sua riqueza através da violência espoliadora e da manutenção cuidadosa das tradições, dos lugares estabelecidos socialmente e que nunca poderiam mudar, nem mesmo por efeito da imaginação.

A ironia, outro polo do mesmo procedimento de distância e desidentificação, se apresenta no texto como solução formal, ainda que incapaz de redimir o que quer que seja para o autor, que tem nessa estratégia retórica um modo de contrabalancear a negatividade da culpa e afirmar para si os valores que o definem. E será nesse ponto, quem sabe, que Drummond se separa de Lúcio Cardoso e que o poema ganha outra vida em relação ao universo infinitamente mais fechado e terrível da *Crônica da casa assassinada*. No romance, como se sabe, a forma circular da narrativa sem centro pode sugerir escape, perspectivas outras que não o mundo de degradação e conflitos que constitui a vida dos Meneses. Os muitos narradores do livro, os diferentes pontos de vista sobre o mesmo conjunto de fatos, no entanto, não relativizam a atmosfera de crise permanente: tudo é mesquinho e se apequena, tudo corrompe e se deixa corroer na trama, do amor à riqueza, das vigas da casa à saúde do corpo.

Os personagens principais, Nina fundamentalmente, mas também Timóteo e André, entre outros, não conseguem fugir do destino que os traga, da derrisão que marca a terra, as relações sociais, a História e cada um deles, individualmente. Daí a prevalência do elemento metafísico, o Mal que se inscreve em tantos momentos do romance como uma questão incômoda e brutal. Enquanto em Drummond, mesmo que se inscreva também, no corpo do poema, uma espécie de metafísica da História, que a aproxima da Natureza no tocante à ação da morte que opera sem cessar sobre os acontecimentos e os homens, vão prevalecer as relações de fundo material, as questões sociais e históricas, enfim – bem como vão ganhar força as escolhas do sujeito lírico, que, bem ou mal, escapa, ou procurar evadir-se, afastando-se do campo e escolhendo confraternizar com a memória dos derrotados, a sombra da existência terrível que o aguardava. Na *Crônica da casa assassinada*, por outro lado, por mais que a história brasileira esteja ali cifrada e suas contradições enformem todas, ou quase todas, as relações existentes entre os personagens e entre eles e o espaço, sobrevêm decisivas, no cenário construído pelo autor, as forças religiosas e espirituais, os traços de uma cultura arraigada de morte e subserviência que seria, em última instância, a tradução concreta de uma verdade anterior arcaica e sem saída, marcada irresistivelmente pela fatalidade.

3. A delicadeza e o horror

O corpo imenso e desengonçado, o todo problemático de Timóteo – um dos filhos dos Meneses e habitante de um dos quartos mais estranhos da Chácara –, o travestimento desesperado que o marca, dão a ver, possivelmente numa espécie de imagem concentrada, a necessidade de enfrentamento e subversão dos valores imponderáveis da família tradicional de Minas Gerais que os personagens e narradores de *Crônica da casa assassinada* parecem fazer, uns mais, outros menos, ao longo de todo o romance. O horror que caracteriza a visão monstruosa do personagem (mesmo que ele oscile sempre entre a gentileza e a selvageria, predomina a sua natureza pacífica) aponta, mais que para um procedimento técnico e uma questão aberta para a teoria da mímese (de novo indicando para o campo amplo e contraditório do sublime) para um método compositivo: através dele são expostas as entranhas de uma maquinaria complexa, fechada sobre si, mas que deseja oferecer ao mundo a face sóbria da normalidade e da estabilidade. Timóteo, mais do que qualquer outro personagem (e não é sem razão que ele rememora uma antepassada também desviante, como que a continuar o seu destino) é como um aspecto oculto de uma família interiorana de Minas em épocas passadas, quem sabe mesmo até o presente.

Produto mais bem-acabado daquele microcosmo, dado que não imita ou reproduz suas convenções, mas deixa passar por seu corpo, agindo sobre ele, alguns dos afetos que constituem aquele universo; sem tentar negá-los ou mascará-los, o personagem parece que os aceita e assume, passando a compreender e performar a si próprio a partir deles. Desse modo, Timóteo é o precipitado perfeito (em seu disforme grotesco, seu desajuste fundamental) da violência muito particular que opera no circuito familiar, feita da repressão ostensiva dos instintos, num decoro de comedimento e quietude, e da necessidade contínua de expiação, como se a consciência de um delito irreversível pairasse permanente sobre as casas e as pessoas, sobressaltando-as todas e as colocando num universo de angústia e culpa. No entanto, é preciso ressaltar: a alegria subversiva que poderia informar também o personagem, que, com seus gestos femininos, as cores de seus vestidos, o excesso da maquiagem e dos acessórios que usa, seria capaz de afirmar outras formas expansivas de vida, contrapostas à dureza imutável da ordem familiar, se perde na atmosfera sufocante que o cerca e que o próprio Timóteo, de um modo ou de outro, acaba também incorporando a si: vivendo escondido e como que em outra realidade, ele não é capaz de perceber com clareza a potência de rebelião que sua existência representa, deixando-se, afinal, reduzir ao controle da doença que lhe é atribuída e ao resguardo que a família impõe a partir dela.

Apresentado pela primeira vez por Betty, que, em seu diário, registra um dos seus encontros frequentes com Timóteo, o personagem será caracterizado mais como objeto de curiosidade e atitudes piedosas do que qualquer outra coisa:

> ao me aproximar, verifiquei que o Sr. Timóteo, gordo e suado, trajava um vestido de franjas e lantejoulas que pertencera a sua mãe. O corpete descia-lhe excessivamente justo na cintura, e aqui e ali rebentava através da costura um pouco da carne aprisionada, esgarçando a fazenda e tornando o prazer de vestir-se daquele modo uma autêntica espécie de suplício. Movia-se com lentidão, meneando todas as suas franjas e abanando-se vigorosamente com um desses leques de madeira de sândalo, o que o envolvia numa enjoativa onda de perfume. (Cardoso, 2002, p. 45)

A aparência estranha e provocativa para os padrões estéticos e morais do lugar, pode-se observar, são descritos como uma forma de sofrimento a que o personagem se impõe. Ao invés da festa estridente e desassombrada, o desajeito; ao contrário da saúde expansiva de um corpo que deseja e se afirma, o comportamento que revela mais o adoecimento, o aprisionamento do sujeito numa fantasia perversa. Prolongando a extravagância da mãe, como Betty anota de passagem, Timóteo confirma que o desconforto físico e espiritual vem de longe e está impregnado, a inaptidão para aquele ambiente carregado se repete, e, desses elementos, só poderiam sair privações e desajustes, que, ao se acumularem por gerações, terminam por mutilar, deformar, produzir desgraça. No corpo do personagem vêm à tona, num só lance, energias paradoxais: de um lado, nele está toda a carga proibida, todo o silêncio que confina os moradores da Chácara a uma encenação dramática de virtude e respeitabilidade, que o próprio Timóteo, bem ou mal, prossegue e confirma ao compor-se como uma senhora da alta sociedade local; de outro, porém, seu corpo e modos vão abrigar também o horror, o dado grotesco, a inscrição de uma dor selvagem: feita de excessos e desvios, repelente aos ordenamentos e à moralidade que quer regular, antes de tudo, o corpo e seus afetos.

A composição desse personagem estranho e tão significativo para a *Crônica da casa assassinada*, a condição trágica que o marca de modo vivo e direto, além de tantos aspectos perturbadores do romance, já remeteram outros leitores,[7] num processo de associação crítica mais ou menos livre, à obra de um outro artista que, a partir de linguagem e meios muito distintos, dedicou-se a pensar e representar também o legado terrível da decadência (ao mesmo tempo econômica, social e moral) das estruturas familiares do interior de Minas Gerais. Trata-se de Farnese de Andrade (1926-1996). Recorrendo ao mesmo arcabouço, ao imaginário comum sobre a Minas arcaica e profunda onde se misturam sexualidade reprimida e intenso sentimento religioso, além de ecos de um passado opulento acossado pela realidade inexorável do século XX, na qual a fortuna dos clãs tradicionais foi se desfazendo, quase que invariavelmente, em pobreza e mau gosto – Farnese, desenhista, pintor e artista plástico nascido em Araguari, Triângulo Mineiro, compôs séries intermináveis de *assemblages* e objetos marcados pelo mesmo ar de permanente decadência, pela capacidade de gerar estranhamento em torno de coisas cotidianas, além de recender a desejo incestuoso e sacralidade conspurcada.

7 cf. Tadeu Chiarelli (1999) e Rodrigo Naves (2002).

A aproximação entre os dois artistas pode se dar por múltiplos caminhos, mas o que há nelas de mais interessante talvez seja a estratégia de mobilização do horror contra a pretensa delicadeza da vida burguesa (às vezes de fumaças aristocráticas). Ambos escolhem pôr a nu o enorme coeficiente de violência que se abriga sob a proteção das relações familiares, usando para isso, como procedimentos formais privilegiados, o contraste e a surpresa, a repetição e a sutileza. Se, conforme já ficou dito, Lúcio Cardoso elabora, no seu vasto romance, uma miríade de vozes e pontos de vista que convergem, na narrativa da vida dos Meneses, para a destruição de tudo o que poderia haver de singular e distinto, de novo e insubmisso naquele universo ficcional, o que leva à perdição geral de tudo e de todos, Farnese de Andrade vai se concentrar, por sua vez, na elaboração de peças ambíguas, difíceis de definir, e que tem na colagem de objetos e materiais distintos sua marca mais evidente. Os seus trabalhos são como pequenos oratórios ou arranjos de inspiração sacra: há, num primeiro olhar, a marca da dignidade e do respeito pudico que tais coisas carregam, formando em torno de si uma aura grave. Mas, uma vez observadas com atenção, a torsão proposta pelo artista se revela e sobressalta. No lugar de imagens de santos ou da Cruz, cabeças de bonecas ou rasgos na madeira modelados como se fossem envaginamentos; ao invés dos olhares piedosos dos anjos de memória barroca e popular, corpos partidos de crianças assustadas, reproduções de madeira ou plástico do que antes deviam ter sido esculturas religiosas ou brinquedos infantis, agora desvirtuados pela fragmentação e pelo novo contexto que a montagem proposta pelo artista lhes vai conferir. A recolha do material e o trabalho que Farnese faz com restos oriundos da decoração tradicional das casas mineiras do interior estabelece o vínculo de sua obra com o cenário que também ocupa Lúcio Cardoso; em ambos, a sexualidade e o Mal são elementos recorrentes, associados frequentemente, e que se expõe na superfície dos discursos artísticos de modo explícito, ainda que com diferenças (e estratégias) importantes.

Para ambos, a repetição quase obsessiva em torno dessas questões é dado central da composição: para Lúcio, a narrativa coral que organiza, por mais que dê visibilidade a múltiplos ângulos de uma mesma história, uma mesma rede de acontecimentos, termina por repetir e aprofundar a investigação que faz desses eventos, oferecendo constantemente novas explicações e outras perguntas para o conjunto de ações que se vão apresentando ao longo da *Crônica da casa assassinada*. Seu modo de girar em torno do mesmo eixo, de repetir e retomar as questões associadas à violência e às pulsões que o obsedam se parecem mais com um processo de repetição em diferença, no qual a retomada contínua dos mesmos elementos está a serviço do alargamento da sua compreensão e da complexificação de suas razões, nunca de todo esclarecidas na narrativa. Paradoxalmente, quanto mais se diz e repisa uma cena ou um motivo, mais detalhes dele são revelados, mas mais opaca é a explicação total de suas circunstâncias – conforme a própria existência de Timóteo, entrevisto de diferentes maneiras, mas pouco compreendido, afinal. O romance, num certo sentido, reafirma a dúvida e o que há de insondável em cada gesto dos personagens, sejam grandes ações, sejam pequenos e quase insignificantes atos.

Em Farnese, de outro modo, a repetição está mais próxima da redundância e da saturação – que têm um efeito estético preciso, bastante forte, levando o espectador ao mesmo tempo à adesão (em relação à narrativa que expõem, tão familiar na sua mistura de interditos morais, repressão religiosa e gozos secretos) e à repulsa, pela carga afetiva quase insuportável que as *assemblages* carregam. Elas ativam a memória do espectador, fazendo-o ver em suas próprias lembranças e valores a dor que as peças condensam. O uso que o artista faz de fotografias envelhecidas, retratos comuns de gente simples, quase sempre em poses convencionais, remete mais uma vez os seus trabalhos aos pequenos infernos familiares, uma vez que as imagens despertam curiosidade e empatia no mesmo passo em que parecem indicar também morte, culpa, desconforto. Muitos se reconhecem nas peças de Farnese, ainda que sua forma fechada e imutável, estabilizada pelo peso (simbólico e físico) dos materiais e pela montagem irreversível a que o artista os submete, provoque estranhamento e distância. Tal força paradoxal, ao fim, potencializa o horror vislumbrado e repetido incontáveis vezes, confirmando, por seu turno, o sentido que se pode arrancar dos trabalhos do artista. Não há espaço para dúvida neles, conforme bem define Rodrigo Naves (cf. 2007): o passado é irremissível, o sofrimento se espalha e as relações familiares (atravessadas pela religião e por uma cultura conservadora e tradicional) são superfícies por baixo das quais loucura, desejo e sangue se agitam e se escondem.

A "grande alegria" (Andrade, 2005) proclamada por Farnese de Andrade na composição de suas peças se aproxima, enfim, da fúria disruptiva de Lúcio Cardoso, ambos portadores de uma energia perversa, disposta a observar e reelaborar a matéria trágica que constitui o fundo sem fundo do passado individual e coletivo, da memória perdida que suporta os traumas acumulados e que parece não se esgotar, reatualizada terrivelmente num presente que marca passo, anda em círculos e não avança. A alegria selvagem desses artistas (visível ainda na grandeza afetada, altissonante e soturna, do estilo em Lúcio Cardoso, na repetição infinita do mesmo movimento em Farnese) se revela uma potência profanadora (no sentido que Giorgio Agamben dá ao termo), e por isso deve ser acolhida e reproposta no presente. Num momento histórico como o atual, em que forças conservadoras apontam para o retorno da ordem e da imobilidade, num processo trágico de repetição restauradora (por isso mesmo reacionária), a energia destrutiva que seus trabalhos carregam é atual e necessária.

REFERÊNCIAS

AGAMBEN, Giorgio. "Elogio da profanação". In: *Profanações*. Trad. Selvino J. Assmann. São Paulo: Boitempo, 2005; p. 65-78.

ANDRADE, Carlos Drummond. "Os bens e o sangue". In: *Claro enigma*. São Paulo: Companhia das Letras, 2012; p. 76-81.

ANDRADE, Farnese. "A grande alegria". In: *Farnese: objetos*. São Paulo: CosacNaify, 2005; 179-189.

BENJAMIN, Walter. *Origem do drama trágico alemão*. Trad. João Barrento. Lisboa: Assírio & Alvim, 2004.

CARDOSO, Lúcio. *Crônica da casa assassinada*. Rio de Janeiro: Record, 2002.

CHIARELLI, Tadeu. "Farnese de Andrade no MAM". In: *Revista do MAM*: São Paulo, ano 1, n.2, 1999; p. 6-8.

DERRIDA, Jacques. "La loi du genre". In: *Parages*. Paris: Galilée, 1986.

LOPES, Ruth Silviano Brandão (org.). *Lúcio Cardoso*: a travessia da escrita. Belo Horizonte: UFMG, 1998.

MICELI, Sergio. *Intelectuais e classe dirigente no Brasil (1920-1945)*. Rio de Janeiro: Difel, 1979.

NAVES, Rodrigo. "A grande tristeza". In: *O vento e o moinho*. São Paulo: Companhia das Letras, 2007; p. 65-77.

PENNA, Cornélio. *A menina morta*. Rio de Janeiro: Artium, 1997.

WISNIK, José Miguel. *Maquinação do mundo*: Drummond e a mineração. São Paulo: Companhia das Letras, 2018.

DESTRUIR, DIZ ELE

Denilson Lopes

"Meu movimento de luta, aquilo que busco destruir e incendiar pela visão de uma paisagem apocalíptica e sem remissão, é Minas Gerais" começa assim a parte mais conhecida da entrevista de Lúcio Cardoso, publicada no *Suplemento Literário de Jornal do Brasil*, em 25 de novembro de 1960. Continua ele com senso de performance e retórica herdeiros do primeiro Modernismo:

> Meu inimigo é Minas Gerais. O punhal que levanto, com a aprovação ou não de quem quer que seja, é contra Minas Gerais. Que me entendam bem: contra a família mineira. Contra a literatura mineira. Contra a concepção de vida mineira. Contra a fábula mineira. Contra o espírito bancário que assola Minas Gerais. Enfim, contra Minas, na sua carne e no seu espírito.

É essa "paisagem apocalíptica e sem remissão", esse gesto e desejo de destruição que gostaria de evocar aqui. Creio que seja algo mais do que espírito polemista e auto promocional, antes da publicação de seu *Diário* (1961), ou, simplesmente, desejo de reencenar um vanguardismo tardio ao buscar atingir a tradição como os futuristas. A impossibilidade, por motivo de saúde, de encerrar a série literária em torno de Vila Velha, cidade fictícia do sul de Minas Gerais, não impediu o romancista de dimensionar sua importância e significado. Já em fevereiro de 1951, ele havia confessado pretender atingir, "através da cidade, o mito de um país agonizante". É esse país agonizante, mito ou não, passado presente, em contraponto ao Brasil como país do futuro que pretendemos também manter no horizonte.

Em minha atual pesquisa intitulada "Dândis, Decadentes e Modernos", procuro estudar uma cena de intelectuais modernistas no Rio de Janeiro, em grande parte, católicos, *queer* e conservadores ou absenteístas politicamente.

Podendo ser justamente considerados, com mais precisão do que outros modernistas, como "cronistas da casa assassinada", para usar o termo de Sergio Miceli (1979) tirado do título do romance de Lúcio Cardoso, herdeiros de fato ou por sensibilidade da elite rural monarquista na sua decadência, na passagem do século XIX para o século XX. Além de Mario Peixoto, estou interessado, num primeiro momento, em Octavio de Faria e Lúcio Cardoso à procura de um "outro Modernismo" (Paulo Venancio), tão diferente de uma linhagem interessada na formação de uma cultura nacional, a partir de Mário de Andrade, quanto da linhagem antropofágica de Oswald de Andrade e Tarsila do Amaral, reivindicada pelo Concretismo, por uma parte do Cinema Novo, pelo Tropicalismo, pelo teatro de José Celso Martinez Corrêa, pelas obras de Hélio Oiticica, pelo Mangue Beat e até o pelo perspectivismo ameríndio de Eduardo Viveiros de Castro, para mencionar alguns exemplos fortes, quanto das versões regionalistas, em grande parte herdeiras de uma tradição documental, realista social – vertentes mais hegemônicas na história dos Modernismos brasileiros.

Voltar ao modernismo não significa voltar aos valores canônicos da Modernidade. Seria também insuficiente dizer que a busca se dá pelo que foi recalcado, marginalizado ou silenciado. Nessa outra linhagem marcada pela sobrevivência anacrônica do Decadentismo e do Dandismo, desejo articular arte e vida numa arqueologia das sensações. Elizabeth Freeman (2010, p. 23) aponta para uma historiografia háptica, inspirada em Laura Marks em *Skin of the film*, que implicaria "modos de negociação com o passado e a produção de conhecimento histórico através de sensações viscerais", embora não tenha identificado um desdobramento dessa expressão em Marks, mas que certamente está no campo semântico do que aqui chamo de uma arqueologia das sensações e que é minha resposta à sugestão de Freeman. Trata-se de um trabalho histórico e historiográfico, praticamente, o primeiro em que desejo trabalhar, para além dos textos artísticos, com cartas, diários e fotografias. Para o qual sugestões, críticas, comentários são mais do que bem-vindos.

A noção de arqueologia tem um largo uso, e Knut Ebeling, em *The art of searching: On "wild archaeologies" from Kant to Kittler*, faz um mapeamento de algumas de suas possíveis apropriações filosóficas, entre elas, por Benjamin e Agamben, passando por Michel Foucault, que será nossa principal referência em nosso estudo, por ora. Seria possível fazer a arqueologia não de um discurso, como para Foucault, mas de uma sensação? E, a partir dessa pergunta, poderemos já sugerir outras: o que ainda não acabou do Modernismo? Como hipótese, poderíamos pensar que ganharíamos mais ao compreender o Modernismo não só em relação ao que veio imediatamente antes e depois dele, mas ao que inventamos hoje como passado e descobrimos como futuro. Esta história pode nos ajudar a colocar Lúcio Cardoso, Octavio de Faria, não como referências de um segundo time modernista. Será porque a sensação decadentista, após as vanguardas, ficou num lugar menor, marginal, quase invisível? Ou, ainda antes, qual seria o sentido de aproximar objetos artísticos e a arqueologia? Não há muito espaço para essa questão na *Arqueologia do Saber*, contudo, Foucault sugere seu estudo, tomando como referência a pintura. Por mais que seja dada uma positividade ao saber artístico, a singularidade desse saber não é apresentada ou não interessa. Aqui, achamos que a contribuição de Deleuze e Guattari pode nos auxiliar. Seria possível pensar a sensação como um procedimento de análise? Se há um desejo de Benjamin, Warburg e outros por uma história feita por imagens, seria possível também fazer uma arqueologia das sensações (não dos discursos)? Seria possível pensar a sensação não como objeto a ser historicizado, mas na própria forma de constituir uma genealogia do Modernismo marcada pela sobrevivência anacrônica do Decadentismo e do Dandismo?

A presente pesquisa traz um desafio ainda maior do que o que tive ao estudar os afetos, categoria que conta com uma bibliografia muito mais desenvolvida. Deleuze e Guattari (1992, p. 213) defendem que "a arte é um bloco de sensações, isto é, um composto de perceptos e afetos". Dessa forma, a sensação seria a unidade mínima da arte, e não matéria-prima da linguagem. Não são "determinadas pela representação (...) nem são confundidas com estados subjetivos" (Rajchman, 2000, p. 134). "Ao invés de procurar por 'condições de possibilidade' da sensação, apontamos pelas sensações para outras possibilidades de vida e pensamento" (p. 127).

Neste momento, creio que a discussão realizada por José Gil possa nos ajudar. Ao considerarmos *O Livro do Desassossego* de Bernardo Soares não só como uma história em fragmentos, mas também como uma arqueologia de sensações que só existem nos textos, sensações literárias, dentro de um devir inumano. Diz José Gil (1987, p. 19): "O cansaço, o tédio, a indiferença, favorecem o apodrecimento das sensações macroscópicas, a sua decomposição 'alquímica'; produzem como que uma análise espontânea das sensações". "As sensações mais vivas nascem de preferência numa atmosfera em putrefação e deletéria" (p. 23). Sensações mínimas, de coisas pequenas, cultivadas em estufa, serão importantes para entendermos esses seres estranhos, raros e ocultos, imersos no tempo longo da decadência, com raras aparições e sem grandes fatos, no lento retomar dos espaços pela natureza, pelo império do vegetal. Sensações que, como na discussão de Deleuze e Guattari, não são propriedades do sujeito, marcadas pela sua impessoalidade, mas, também, como nos diz José Gil (p. 70), pela sua plasticidade, o eu também se decompõe para que as sensações possam emergir.

A sensação só persistiria como obsessão? Teria a sensação, como a imagem para Didi-Huberman (2015, p. 16), mais memória e futuro que o ser que a olha? De todo modo, estamos cada vez mais ampliando e deslocando o sentido da sensação, pois ela deixa de ser apenas ontológica, como para Guattari e Deleuze, e passa a ter um sentido histórico.

Mas poderíamos pensar a sensação se não for pela imagem? Quando me pergunto o que me leva a esse caminho, espero que não seja um simples encantamento pela visão de Deleuze e Guattari sobre a obra de arte. Muito antes de saber algo sobre Lúcio Cardoso, me lembrava da imagem final em *Crônica da casa assassinada*, de Vila Velha, como uma "cidade morta" (Monteiro Lobato) que perdeu seu poderio econômico e sua população após o fim do ciclo do café. Essas imagens são como o corpo que as via, ouvia, sentia, lembro enfim. A estas impressões podemos considerar sensações que já não seriam minhas, nem do objeto, mas algo entre o sujeito e o objeto? E como elas se articulariam?

Não em termos vagos como espírito do tempo ou mundivisão. Ou só podemos não articulá-las, mas reencená-las nos seus vestígios, ruínas, sem que saibamos que quadro será composto antes de ser terminado? E ele é sempre incompleto, precário. Não é suficiente descrever, mas reescrever, escrever um encontro entre pessoas, espaços e tempos. Escrita que mistura arte e vida, sujeito e objeto, crítica e escritura?

Ao buscarmos outras categorias de análise que não sejam exatamente discursos nem imaginários, nem ideias e nem conceitos, mas sensações que nos levariam talvez ao corpo, não o corpo como depósito de marcas, imóvel, uma múmia a ser descoberta, mas arquivos de sensações que a toda hora desaparecem? Temos de abrir bem nossos olhos, nossos sentidos, se quisermos evocar uma impressão antes do mais completo desaparecimento? As sensações levantariam problemas parecidos a se fazer uma arqueologia do corpo? Como fazer uma história não das representações do corpo, mas das marcas de passado e desejos de futuro nele inscritos? Seria ainda um desdobramento realizar uma arqueologia da pose e do gesto? Seriam as fotos o que restam de seus corpos, como os fragmentos de seu discurso? Para Foucault, "O corpo [é]: superfície de inscrição dos acontecimentos (enquanto que a linguagem os marca e as ideias os dissolvem", lugar de dissociação do Eu (que supõe a quimera de uma unidade substancial), volume em perpétua pulverização. "A genealogia, [por sua vez] como análise da proveniência, está portanto no ponto de articulação do corpo com a história. Ela deve mostrar o corpo inteiramente marcado de história e a história arruinando o corpo" (Foucault, 1979, p. 22). Mas antes de passarmos brevemente à genealogia, é importante frisar que a arqueologia apontaria, portanto, a um "método nem formalizador nem interpretativo" (Foucault, 1986, p. 155), talvez na materialidade dos corpos, na superfície de peles e imagens, no evanescimento das sensações e atmosferas. E talvez assim se articulasse com uma historiografia *queer*. O que podem dizer toques e encontros fugazes?

Se Foucault dedica um livro à arqueologia, sua discussão sobre a genealogia ocupa um lugar mais modesto no conhecido artigo "Nietzsche, a genealogia e a história" (1971). O que a genealogia, formulada por Nietzsche, traria para o projeto arqueológico? Consideramos os dois gestos como complementares. Talvez a grande ênfase no ensaio sobre a genealogia esteja na discussão sobre a noção de origem. O genealogista (como o arqueólogo), ao escutar a história, aprende que "atrás das coisas há algo inteiramente diferente: não seu segredo essencial e sem data, mas o segredo que elas são sem essência, ou que sua essência foi construída" (p. 18). Portanto, "O que se encontra no começo histórico das coisas não é a identidade ainda preservada da origem – é a discórdia entre as coisas, é o disparate" (p. 18). No lugar de uma origem apaziguadora e segura, buscamos momentos de cristalização plenos de incertezas e contradições, "cuja aparente coesão devemos destruir para reencontrá-las, afinal, em sua irrupção e violência" (Foucault, 1979, p. 173).

Depois da teologia da libertação e da teologia dos resultados, talvez esteja em pauta, em tensão, um cristianismo à sombra do conservadorismo político e outro sob o signo dos movimentos minoritários e seu vocabulário associado à empatia e mesmo à compaixão. De minha parte, que não acredito numa arte que salva, mas acredito numa arte que talvez possibilite encontros, me faz lembrar o cristianismo satânico de um Lúcio Cardoso que chama Deus, em sua obra máxima, *Crônica da casa assassinada*, pelas palavras de um dos protagonistas de "um canteiro de violetas cuja estação nunca passa" (Cardoso, 1963, p. 429) e seu romance como "câncer sobre um canteiro de violetas" (*apud* Carelli, 1988, p. 195), em imagens que misturam beleza, desejo e decadência.

A partir dessas sugestões, como podemos compreender este Modernismo sob o signo da catástrofe? Defender a discórdia e o disparate na suposta origem implica desorganizar o que estava organizado, incluir o que estava excluído, não por gosto pelas inversões, mas como procedimento pensado, recurso metodológico de resgatar o esquecido. A genealogia "não funda, muito pelo contrário: ela agita o que se percebia imóvel, ela que se imaginava em conformidade consigo mesmo" (Foucault, 1986, p. 21). Não se trata da busca do arcaico, de arquétipos, muito menos de mitos. Mas o que resgatar? Há coisas que talvez seja melhor continuarem esquecidas, porém, há também coisas lembradas que há muito viraram fósseis a que nada pode lhes insuflar vida e interesse. Assim, o Modernismo não é um momento incontornável, um monumento incontestável. Nada a reverenciar. Somente um gesto profundamente irônico pode transformar o Modernismo em venerável. O genealogista se demora "nas meticulosidades e nos acasos dos começos; [para] prestar uma atenção escrupulosa à sua derrisória maldade; esperar vê-los surgir, máscaras, enfim retiradas, com o rosto do outro; não ter pudor de ir procurá-las lá onde elas estão, escavando os *bas-fond*, deixar-lhes o tempo de elevar-se do labirinto onde nenhuma verdade as manteve jamais sob sua guarda" (Foucault, 1986, p. 19). Em romances, filmes, rascunhos, cartas, diários, fotos, jornais, vestígios de uma vida, de possibilidades que não se concretizaram, de desejos realizados, "mil acontecimentos agora perdidos" (p. 20) e tudo ainda mais para o que não há palavras.

Por que voltar a este passado, agora, quando o presente parece ser tão premente e urgente? Escapismo? Falta de perspectivas? Mas depois de tanto tempo estar tão próximo do que vivo, não só gostaria de fazer o passado meu contemporâneo, de inverter a cronologia, usando a expressão de Didi-Huberman (2015, p. 35). Haverá algo que persista? Sobreviva? Assim, pareço me dirigir a uma linhagem sem herdeiros? Segundo Foucault (1986, p. 21), "Essa herança não é uma aquisição, um bem que se acumula e se solidifica, mas um conjunto de falhas, fissuras, camadas heterogêneas que a tornam instável, e, do interior ou de baixo, ameaçam o frágil herdeiro".

Ao inquirir sobre essa linhagem do Modernismo, um problema central não só é de qual seria a herança (e dizer a herança é enfrentar se há algo de vivo neste passado), também frágil, mas quem seriam os herdeiros. Isso implicaria não só um mapeamento da vida social e intelectual que não temos, no momento, condições de fazer, mas talvez pensar que essa questão poderia ser uma forma de articular vida e obra. Em *Crônica da casa assassinada* de Lúcio

Cardoso, paralelamente, ao duplo processo de humanização da casa ("corpo gangrenado que se abre ao fluxo dos próprios venenos que traz no sangue" [Cardoso, 1963, p. 152]), e mineralização das personagens ("são eles Meneses de cimento e cal" [p. 105], ou Timóteo, "uma torre medieval" [p. 478]), acontece a reconquista gradual de cada espaço, objeto e mesmo corpo pela natureza, processo de toda ruína. No último fragmento do livro, "pós-escrito numa carta de Padre Justino", somos apresentados a Glael, filho de Nina e Valdo, abandonado ao nascer, trocado por André, este, de fato, filho de Ana e do jardineiro Alberto, que foge correndo da casa no dia do velório de Nina, mas que sabemos ter sobrevivido ao ver em suas mãos o diário que escrevera, "entre outros restos dessa casa que não existe mais" (p. 355).

Como os personagens de Virginia Woolf, ondas que, uma a uma, acabam por voltar ao mar e perderem sua singularidade, também aqui, uma a uma, as vozes desaparecem no coro da família Meneses que, por fim, é silenciada pela natureza. De toda sorte, no fim, os que não morreram, já não se sabia mais de sua existência, uma vez que não só a chácara, mas Vila Velha, a cidade próxima, tinham sido liquidadas por epidemia e saqueadores. Nessa paisagem apocalíptica, no fundo do jardim da casa, é que o padre Justino encontra Ana, esposa de Demétrio, "única herdeira conhecida da orgulhosa família Meneses" (Cardoso, 2004, p. 496), agonizando, num catre feito de caixotes, onde fará sua última confissão. E a ela, a mais humilde das Meneses, caberá a última fala, antes da completa vitória da ruína, como nos conta o padre: "Mas de pé no quarto já quase totalmente escuro, verifiquei que Ana Meneses não existia mais. Inclinei-me para cerrar-lhe as pálpebras e, não sei, julguei perceber que no seu semblante não havia nenhum sinal dessa paz que é tão peculiar aos mortos" (p. 508).

É esta catástrofe passada que teremos de encontrar, enfrentar e tornar viva, dialogando com a visão de Walter Benjamin com uma historiografia *queer* melancólica, como a praticada por Heather Love em *Feeling Backward*, à sombra do fracasso e contra uma repronarratividade. É o que movia o próprio projeto literário de Lúcio Cardoso. E ainda mais, este fim de mundo que é a crise de uma elite monarquista e rural que não se aliou com a burguesia republicana, industrial e urbana emergente, cuja "única oportunidade é esperar desaparecer quietamente" (Cardoso, 2004, p. 63), é fruto da sensação decadentista de onde seres raros, estranhos e inadaptados à vida como trabalho, profissão e produção surgiram e foram em busca de experiências incomuns e para quem a arte era o último refúgio antes da mais completa desqualificação e solidão.

Quem são nossos ancestrais se não são os pais? Quem serão nossos herdeiros se não forem os filhos? Seria buscar a reinvenção do tio, aquele que não gerou, mas nos deixou um sinal, como Timóteo? Tios loucos, gays, solteirões, são nomes bem localizados numa estrutura patriarcal. A herança é uma impossibilidade? O encontro afetivo pode se dar para além de papéis etários bem definidos na esteira pedagógica grega entre um homem mais velho e um jovem? Como podem os encontros irem além do gênero, da idade, do familialismo? Que lugar é esse de alguém que não é o substituto do pai ou da mãe, de pais afetivos e mães na vida? Quem é aquele que virá depois de mim? A quem deixarei o abraço, o beijo? Quem me acolherá?

Até descobrir essas outras linhagens, seremos como aquele que coleta e organiza cartas, diários, memórias, confissões, depoimentos, em *Crônica da casa assassinada* não o autor nem o narrador, mas aquele que montou os fragmentos do fim da família Meneses, ruínas da casa perdida no tempo e no espaço. Esse colecionador de fragmentos que dá a mão ao próprio leitor e que sabe, tem de saber, ir muito além dos próprios documentos. Portanto, não se trata de lembrar, porque talvez não haja muito a ser lembrado, mas, por meio desses fragmentos, ressuscitar os mortos ao me colocar no fim.

Até lá, em meio ao maior desamparo, sem saber se terá força, ânimo para tal empreitada, o último herdeiro caminha por destroços e ruínas, na busca desta casa através de escritos, fotos, filmes, ficções enfim. Até lá, o único gesto possível será assassinar a casa uma vez mais para trazer por um momento essa tempestade, essa catástrofe à luz. Irromper o desaparecimento constante e lento. Não haverá nenhum descanso possível. Só quando não houver mais nada a destruir, a esquecer, estaria livre para inventar outros passados, imaginar outros mundos.

REFERÊNCIAS

CARDOSO, Lúcio. *Crônica da casa assassinada*. 2a. ed., Rio de Janeiro: Letras e Artes, 1963.

CARDOSO, Lúcio. *Diários*. 2ª ed. Rio de Janeiro: Civilização Brasileira, 2013.

CARELLI, Mário. *Corcel de Fogo*. Rio de Janeiro: Guanabara, 1988.

DELEUZE, Gilles; GUATTARI, Félix. *O que é a filosofia?*. Rio de Janeiro: 34, 1992.

DIDI-HUBERMAN, Georges. *Diante de Tempo*: História da Arte e Anacronismo das Imagens. Belo Horizonte: Ed. UFMG, 2015.

FOUCAULT, Michel. "Nietzsche, a genealogia e a história". In: *Microfísica do Poder*. 8ª. Ed., Rio de Janeiro: Graal, 1979.

______. *A Arqueologia do Saber*. 2ª. Ed., Rio de Janeiro: Forense, 1986.

FREEMAN, Elizabeth. *Time Binds*: Queer Temporalities, Queer Histories. Durham: Duke University Press, 2010.

GIL, José. *Fernando Pessoa ou a metafísica das sensações*. Lisboa: Relógio d´Água, 1987.

LOPES, Denilson. *Nós os Mortos*: Melancolia e Neo-Barroco. Rio de Janeiro: 7Letras, 1999.

LOVE, Heather. *Feeling Backward. Loss and the Politics of Queer History*. Cambridge: Harvard University Press, 2002.

MICELI, Sérgio. *Intelectuais e Classe Dirigente no Brasil (1920/1945)*. São Paulo: Difel, 1979.

RAJCHMAN, John. *Deleuze Connections*. Cambridge: MIT Press, 2000.

VENANCIO, Paulo. *A crise da pessoalidade e o outro modernismo*: Cornélio Penna, Oswaldo Goeldi e Mário Peixoto. Dissertação de Mestrado. Rio de Janeiro: UFRJ, 1992.

DIÁRIOS

Walmir Ayala

26-2-59 – Um dia estarei falando de Lúcio Cardoso, eu na madureza, e uma necessidade premente de abraçá-lo me assaltará o coração, e será impossível. Hoje, pensando isso, me vieram lágrimas aos olhos, porque assisto ao que fisicamente o vai dissociando enquanto o espírito vigilante atinge a inteireza de uma profunda lucidez. Deve ser terrível essa inadequação do organismo ao cérebro, quando os sentidos filtram com maior rendimento o que o pensamento assimila, enquanto os desajustes viscerais, glandulares, sanguíneos, preparam a negação da conquista da mais absoluta vitória sobre a morte: o conhecimento. Mas a morte não cede lugar nem a Lúcio Cardoso, que traz em si o anjo e o demônio, e é, ao mesmo tempo, o braço que fustiga e o coração que clama.

8-12-62 – Chego em casa e encontro Lelena assustada. Lúcio teve outro derrame, desta vez mais grave. Bebida e Dexamil são os instrumentos desta agonia. Ele não se poupa, joga-se desafiadoramente contra o nada, como um gigante. Agora, aquele sono de semiconsciência, sem reação numa parte do corpo, frágil como uma criança, com dificuldade de engolir e num remoto horizonte de sentidos.

***

A noite e o dia inteiros, acompanho Lúcio naquele sono linear. No entanto, é difícil dizer se ele sequer reconhece as pessoas que chegam para rápidas visitas. Seu olhar nublado corre em torno como um pedido de socorro. É estranho ver aquele corpo, antes cheio de energia e peso, no instante desta morna entrega.

4 horas da madrugada. Batem de leve na porta. É M. – abro, ele fica diante de mim, sorrindo, perfeito como uma aparição. Fico tão feliz que me dá vergonha. Lúcio ressona doentiamente na sala ao lado. Conversamos, ele me diz sentir-se um ser sem família. Eu lamento a insuficiência da minha amizade. Silenciamos, meu tempo de vigília é outro. Tenho falado pouco do Lúcio neste diário, mas só agora avalio a dimensão do comprometimento que ele forjou comigo. Sua dor é minha dor, mais que tudo, eu gostaria de sustentar a vida que ele tão orgulhosamente dilapidou. Pouco depois, M. me deixa, quase de manhã. Fora, as cigarras estouram de cantar. Vigio.

9-12-62 – Durmo às 6h30min e acordo às 10 horas com Lelena e Lourdes em prantos. Lúcio estaria nas últimas. Logo vem o padre e, como que por influência da extrema-unção, ele serena, a respiração quase normal, a cor melhor. Em seguida, uma ambulância o transportava para a Casa de Saúde São Sebastião. Não posso esquecer a reação que ele opôs ao ser colocado na maca da ambulância. Ergueu a cabeça, moveu as pernas, olhou-nos a todos com revolta, não queria sair daquela casa. O que estaria pensando em seus momentos de lucidez? Certamente não foi o desejo de morrer que o conduziu a isso, mas o instinto do desafio.

21-12-62 – A manhã mais difícil e angustiosa de que tenho lembrança na minha vida: estar com Lúcio Cardoso no hospital. Tudo é tão terrível nesse desastre de sobreviver, os processos a que recorrem para quase artificialmente recuperar esse organismo combalido me aterrorizam. Anteontem eu não suportei o silêncio da casa do meu amigo, sem ele, e tive uma crise de pranto. Dificilmente o teremos como antes: humano, vital, selvagem e imprevisível.

10-1-63 – Lúcio Cardoso já está convalescendo e sem muitas perspectivas de recuperação. Passa por uma fase difícil e não quer que os amigos o vejam. Lelena diz bem: por humilhação e orgulho.

19-1-63 – Lúcio Cardoso volta pouco a pouco da morte. Volta pacientemente e, conhecendo-o como conheço, fico a pensar que coisas nos trará dessa experiência abissal. Lembro-me daquela sua versão do Lázaro, voltando da morte e mentindo sobre aquilo que não sabia ou não lembrava. Lúcio será assim, um Lázaro imaginoso e fantástico, tocado pela sombra do perigo, resolvendo este pavor na matéria de uma nova fábula. É o que espero.

5-3-63 – Ontem, uma noite de conversa com Grimaldi e Parente. Aos poucos, a mesa, antes populosa, foi se concentrando... do silêncio de Grimaldi e da minha dispersão foi surgindo a possibilidade de um ritmo emocional capaz de marcar o momento. Falamos sobretudo de Lúcio Cardoso, daquela sua aparente ânsia de suicídio, da forma como ele parecia buscar a morte, arrostando a recomendação médica da mais absoluta abstinência de álcool e quaisquer excessos. Na verdade, ele queria arrostar a ordem imediata, tinha a certeza de que venceria a batalha contra a morte. E nós, que o vimos na agonia, hoje constatamos a força de sua ressurreição. Sem fala, com a mesma expressão fascinante e vital de antes, ele nos comunica a certeza de uma nova compreensão da verdade. O dedo de Deus pousou sobre o seu coração e ele entendeu. Agora seu sentimento de recuperação, seu ânimo que paira sobre a ameaçadora paralisia, sua afetividade e paciência, tudo nos garante a presença do grande amante da vida.

19-4-63 – Hoje, Lúcio volta para casa. Vai ocupar o quarto que era meu na casa de Lelena. O quarto que já foi de sua mãe, e que eles me franquearam carinhosamente, o que dá bem a medida da amizade que nos une, em se tratando de mineiros da gema. Enquanto isso, eu ocuparei o apartamento dele, na rua ao lado. Por mais que me seduza essa independência, custa-me deixar meu quarto, minhas coisas, minha atmosfera familiar.

26-5-63 – Cansaço de um dia que acaba. Visitas, a presença do Lúcio, e essa angustiosa assistência que formamos aguardando uma espécie de ressurreição. Minha ligação com este amigo que, durante vários anos, cotidianamente me espantou como pessoa e como escritor. Meu coração aperta quando o encontro só, o rosto contraído, exercitando o braço direito paralisado. Sem palavra. Eu sinto que ele não acredita nessa imediata ressurreição.

29-5-63 – Lelena me diz, referindo-se ao Lúcio: "Ele hoje amanheceu tão triste." Eu penso nestes dias em que a gente amanhece tão triste, a vida tão sem sentido, não se sabe por onde começar a faina da esperança. Olhamos as coisas como se o mundo fosse de empréstimo, e qualquer matéria inanimada dura mais que a nossa consciência sobre ela. Sentimos em nossa pele, em nossa carne, o trabalho de dilapidação. No entanto, as pedras nos desafiam com sua durabilidade quase eterna. Deus não é uma pedra, mas a imagem dele é.

19-7-63 – A inteligência plástica de Lúcio Cardoso, nesta fase difícil de recuperação de um derrame, é como um toque de mistério. Não tem nada a ver com habilidade ou artesanato, usando, como usa, a mão esquerda, resultando, por vezes, em admiráveis trabalhos de desenho a pastel. É como se o talento do romancista, que lhe é próprio, impelisse a mão a um trabalho de compensação da deficiência orgânica, levando-o ainda a desenhar paixões. Então todo o seu ser, não a mão ou a técnica, se derrama na concepção visual daquilo que antes era imagem verbal e metáfora. Surge assim a transfiguração do mais íntimo do seu mundo, de forma que ele, antes inconfundível romancista, agora é também inconfundível pintor.

29-10-63 – Daqui vejo o nosso pequeno jardim. Lúcio executa, com ausência de tudo mais, um espantoso trabalho a pastel, um grupo de pessoas que vão assomando dentre as cores, indefinidas em detalhes, mas completas na atmosfera. O mundo maravilhoso que alimentamos no fundo da nossa alma não se perde nunca, ainda que percamos a maior parcela dos sentidos. Aí está Lúcio Cardoso, perfeito e integral neste desenho que se completa, com toda a dificuldade que a doença criou para o seu corpo, mas também com toda a força de um talento que a doença não foi capaz de deturpar. Aí está um homem que não parou de crescer, que não acabou como se poderia pensar, mas que utiliza das sobras de seus dons múltiplos e inesgotáveis, numa perfeita afirmação da vontade e da grandeza de coração.

26-7-1988 – Os olhos dele no retrato – é um desafio. O olho de Lúcio Cardoso na capa do livro sobre sua vida e obra escrito por Mário Carelli. Aquele olho perfurante, quase satânico, cobrando permanentemente a nossa vigília sobre a miséria e a pusilanimidade. Não, ninguém mais pôde dormir em paz depois de ter conhecido Lúcio Cardoso. E conhecido não como simples acidente de percurso, mas como envolvência em malha sombria e forte onde se debatem os vivos e os mortos numa sinuosa música de acusação. Ah, este olho que vi tantas vezes seguindo meus gestos. Este olhar a cuja luz despertei tantas vezes, com quase temor, pelo abismo que podia estar preparando. No entanto, a doçura daquele olhar, quando o efeito da bebida forrava a consciência, e uma onda inteligente de dolorida reflexão transformava-se em discurso irresistível. Então chorávamos e eu, muito jovem, não entendia por que aquele homem realizado, importante, fecundo, sofria tanto. Dava-me raiva às vezes. Eu acreditava que o futuro só podia ser de segurança e independência. Ai de mim!

Aqui estou com a idade que ele tinha naquele tempo, assediado por angústias semelhantes, à minha maneira, apenas com uma diferença essencial: não sou um autodestrutivo. Pelo contrário, eu me rebelava contra a fúria com que ele se entregava à paixão, uma paixão pela noite, pelo sobressalto, pela insônia e o pesadelo. Acho que poucas pessoas acreditam quando conto o episódio em que Lúcio se envolveu, mandando contratar um homem para o perseguir e matar. Queria sentir a sensação do perseguido, da vítima, certamente para a resolução de uma de suas tramas. Agora lendo o livro de Mário Carelli, quanta revelação! Quanta pedra encaixada neste *puzzle* embriagado. Porque era difícil acompanhar integralmente a literatura de Lúcio vivendo, como vivi, tão perto dele. Ele sufocava e não permitia espaço para o mergulho na ficção, porque o romance mais perfeito e trágico era o que ele mesmo protagonizava em cada hora de uma vida intensa e atormentada. Nós o amávamos, não Lelena? E como! Ele movia contra nós suas unhas de ciúme, e eu, um ciumento mor, me comprazia neste duelo silencioso e compassivo. Se a minha vida valeu por algumas coisas, uma delas é tê-lo conhecido, e não poder, não querer, jamais aceitar o esquecimento. Porque ele volta, como agora, como uma onda carregada de sal e salsugem, cheirando forte, à carne e absoluto, robusto, generoso, questionador. Disso a literatura brasileira carece muito, hoje. De forças de instinto e de espíritos maiores. Não é a produção literária que está em baixa. É a voltagem humana do produtor.

EXPERIMENTOS NARRATIVOS EM TORNO DO MELODRAMA

Marília Rothier Cardoso

Como seus companheiros de geração, por esse mundo afora, Lúcio Cardoso formou sua sensibilidade para a arte através do cinema. Embora do legado que deixou a maior riqueza seja literária, encontramos aí, também, textos dramáticos, vários roteiros e cenas impressionantes de um filme inacabado. E toda uma produção de pintura muito bem avaliada pela crítica – trabalho a que se dedicou, quando não pôde mais escrever. Testemunha incontestável da concentração de sua inteligência no olhar é o caráter predominantemente visual da escrita que desenvolveu com fascínio e obstinação. Cenários, formas e cores garantem a alta sensibilidade das estórias que construiu, sempre empenhado em fazer das palavras instrumento da produção de imagens potentes – imagens nas quais o contraste das tonalidades engendrasse os efeitos paradoxais do sentido.

Através das anotações do diário de trabalho mantido (com interrupções) entre 1942 e 1962, sabemos da preocupação de Lúcio com o rigor artesanal. Guardando afinidade com a montagem cinematográfica, imaginou seus melhores romances como um conjunto de linhas narrativas que se alternam na articulação engenhosa de tramas, ao mesmo tempo independentes e entrelaçadas, capazes de esclarecer-se e confrontar-se umas com as outras. Pretendia, assim, que a sequência de cenas apresentadas desencadeasse, no leitor, uma sedução irresistível, com a força daquelas imagens que se movimentam e falam, no ambiente mágico da sala escura. Com esse objetivo, retrabalhou cada página, com insistência, e nem sempre se deu por satisfeito. *O viajante*, hoje mais conhecido, justamente através do filme de Saraceni – como vários outros enredos do autor, publicados e inéditos –, ficou inacabado e recebeu edição póstuma, a partir dos rascunhos. Sua escrita entrecortada é objeto de várias entradas do *Diário*, dando conta das dificuldades da composição. Em 20 de agosto de 1958, registra: "Angustiado pela falta de continuidade do meu trabalho." Logo, em 25, volta ao assunto: "A extrema dificuldade com que eu avanço no *O viajante*: o romance parece permanentemente travado" (Cardoso, 1970, p. 260).

Conhecendo-se as novelas já publicadas, como *Mãos vazias* (1938) e *O desconhecido* (1940) em paralelo ao teor e tom de muitas das entradas do próprio *Diário*, pode-se trabalhar com a hipótese de que esses impasses viessem da tentativa de resgatar, do circuito de massa, a potência de soluções melodramáticas para apropriar-se delas minimizando seu esquematismo e elevando-as ao nível do sublime. Embora a técnica do melodrama nunca seja explicitamente mencionada, podem-se ouvir seus ecos, na primeira entrada (sem data) de 1962:

> Numa época de joyceanos e romancistas *nouvelle vague*, quero afrontar o preconceito desse pseudonovo com o direito de ostentar esse velho arabesco da coroa romântica. No fundo, o viajante é a essência do mal, [...] como tudo que passa sem pausar, deslumbra e cintila, arrastando a sua passagem essa aura de poesia que muitas vezes é mortal para quem fica. // Creio ser este, em linhas gerais, o significado desse romance que já tanto me cansa pela sua longa conexão à minha vida. (p. 289-290)

O desejo de afrontamento de certo autoritarismo das vanguardas – desejo que Lúcio partilha com Cornélio Penna – levava-o a transpor e adaptar para a literatura a atmosfera dos filmes populares, vistos na adolescência. Combinando traços contraditórios, tornava complexas as ações das personagens e evitava sua identificação como algoz e vítima. Mas não deixava de incorporar, nas tramas, aqueles gestos descomedidos que expõem paixões inconfessáveis. Arriscava-se a beirar a espetacularização para não abandonar imagens grotescas e emblemas evidentes de beleza e graça. Cunhou um estilo narrativo aproximado do cinema de Humberto Mauro e do teatro de Nelson Rodrigues. Mas sua ambição peculiar de atingir a contundência pela aproximação paradoxal de piedade e crueldade lançou sua obra bem longe do sucesso de crítica e de público. Sem beirar o hermético, como seus amigos Mário Peixoto e Murilo Mendes, sempre ocupou um circuito mais restrito, como escritor de travessia exigente.

Se *O viajante* foi um exercício desafiador, como se comprova nas páginas do *Diário*, propõe-se a observar, aí, a manutenção de clichês sob tratamento requintado, demonstrando o impulso saudável de reinventar o impacto dos efeitos melodramáticos para um leitor já sem inocência, depois da plena divulgação das ideias de Nietzsche e Freud. A referência reiterada a um passarinho – o tié sangue – parece apropriada a mostrar, no trabalho escritural de Lúcio Cardoso, o emprego de imagens romântico-expressionistas, que buscam transformar uma trama convencional em estudo penetrante de impulsos (de vida e destruição) operados nos corpos de personagens banais, cujo comportamento, no entanto, ultrapassa limites. No caso, como se registra no *Diário*, trata-se da ruptura do cotidiano morno de uma cidadezinha escondida, ruptura produzida pela passagem do viajante – nomeado (não à toa) de "cometa". Sinhá, moça de fazenda, vem morar e trabalhar na casa de uma tia na cidade. O marido da tia, marceneiro, faz caixões de defuntos, e é nesse mister sombrio e grotesco que ela deve empregar-se. Confirmando a expectativa óbvia, sua vitalidade de moça atrai o velho bêbado e decadente, que a persegue, soturno, e obriga-a à promessa de não se envolver com homem nenhum. Mas a lábia do viajante já tinha atraído, com força irresistível, a menina assustada. Solitária e frágil, ela desconfia das promessas do "cometa", mesmo enquanto, instintivamente, se entrega. Certo da traição esperada, o marceneiro lúgubre assassina Sinhá com toda violência.

Essa estória, deslocada do moralismo convencional, torna-se arte – plena de sensibilidade questionadora – graças à convocação reiterada e estratégica da leveza rubra de um pássaro que voa. Sem produzir obra-prima, Lúcio é o escritor que se estabelece, tentando o salto perigoso entre a sobrevivência da narrativa tradicional, voltada para o conselho útil à comunidade, e a instituição moderna do romance que deve entreter e ilustrar. Combinando a força do primeiro à atração do segundo, com as artimanhas de uma sensibilidade muito aguçada, o escritor, orgulhosamente, desvia-se dos critérios críticos de seu tempo. Vale a pena observar como a leveza do voo pode tingir de lirismo instigante as cenas banais tanto quanto o desfecho macabro. A angústia, referida no *Diário*, faz-se móvel da reinvenção das técnicas centenárias com que o teatro abrandava o rigor trágico e sensibilizava o povo.

Só quando se dá conta da ameaça rude do marceneiro é que Sinhá se lembra do encanto e aflição que acompanharam a cena de sua iniciação amorosa com o viajante: "Rápido como uma flecha, um pássaro vermelho contra o céu azul. Tié sangue. Aos poucos, dentro dela, tudo ia se acalmando" (Cardoso, 1973, p. 108). Em resistência à retórica sedutora do "cometa", ela procura fazer para si uma definição daquele encontro: "Perdidos, seus olhos buscavam no espaço – e de repente encontraram o tié sangue. Um sorriso iluminou-lhe a face: o amor, para ela, seria assim, uma coisa estranha e leve. Uma flor vermelha que voasse" (p. 109). Pouco depois, à medida que o sedutor se afastava, Sinhá "ficou no mesmo lugar sem coragem para acompanhá-lo. Um tié sangue riscou o céu com seu voo rubro" (p. 116).

Aquela alegria insegura do instante, sentida pela moça, não poderia durar, por força das circunstâncias. Teria de ser cortada com extrema violência. O aprendizado saudável de uma menina não cabe na estreiteza de uma cidadezinha sem horizontes:

> Sinhá nada sabia, Sinhá tinha dezenove anos, e a imagem de sua morte, tinha a imagem do amor – era um tié sangue. Primeiro, ela os viu aos respingos, como um bando de pássaros que revoassem em torno dela. [...] Eram tantos pássaros quanto as gotas de sangue que a cobriam. E tudo isto voava e revoava em silêncio, pássaros fechados e fluidos, como duras notas de música feitas desse som especial de que se faz certa música de cor e de espuma. (p. 174)

A imagem do pássaro é forte e bela; abranda o horror da morte. Mas todo o episódio desconcerta o leitor, denuncia a violência, procurando preservar o lirismo da linguagem. A combinação estranha talvez ainda guardasse resíduos do excesso de sensações e sentimentalismo do melodrama. Lúcio não se decidiu a entregar o texto ao editor. Deixou-o sem a última revisão. Mas, à distância em que o tomamos, agora, e com o interesse por percorrer o processo intrincado de construção da escrita literária, a leitura da trama da menina Sinhá resulta iluminadora. Aponta outras possibilidades do tratamento da escrita, tão lúcidas quanto as propostas das vanguardas e mais generosas que elas se provaram, quando exercidas em toda rigidez dos movimentos revolucionários. Conjuntos irregulares de obras, como os que se observam nas produções de Lúcio Cardoso e Jorge de Lima, por exemplo, se não chegam ao topo do cânone, instigam pela disponibilidade ao ensaio experimental. Têm a alta qualidade de abrir perspectivas em função mesmo de seus defeitos. Não é gratuito, muito menos incompreensível, que vários diretores de cinema, nas últimas décadas, venham resgatando os rascunhos guardados no arquivo de Lúcio. Tomando-os como roteiros em potencial, também abrem caminhos alternativos para a escrita com palavras e imagens.

***

A observação detida das escolhas temáticas de um artista, de suas preferências na cunhagem do estilo, da base epistemológica que sustenta suas construções torna necessário situá-lo entre seus amigos – aqueles outros inventores com quem ele tem maior afinidade, através de cujo diálogo reforça suas posições ou muda de caminho. Nos meados do século XX, além dos encontros em bares e livrarias, a troca de cartas e bilhetes ainda era frequente e registra, no calor da hora, tanto as impressões estimulantes de encontros quanto o mal-estar dos desentendimentos. No caso de Lúcio Cardoso, persistente mantenedor do diário de sua vida literária, é interessante o confronto entre o comentário sobre algum de seus pares com as cartas recebidas por ele.

Em agosto de 1961, Lúcio se alegra em sua primeira visita a Ibicuí, no litoral fluminense, resgatando a lembrança de um amigo, certamente especial: "Este nome, na sua grafia antiga – Ibicuhy – é o mesmo que vi vibrar há mais de vinte anos passados, pela primeira vez, no alto de uma carta de Mário Peixoto" (Cardoso, 1970, p. 285). Por sorte, essa carta e mais alguns bilhetes do cineasta precoce da obra-prima, *Limite*, estão conservados no arquivo do escritor. A carta, datada de 13 de fevereiro de 1937, é longa e, mais que portadora de notícias, mostra-se um exercício de descrição rigorosa do cenário. Sentado numa varanda, Peixoto propõe-se a fixar, para o destinatário, o vivo das sensações captadas por todos os seus sentidos. Mas o que escreve é a decepção por sua incapacidade:

> Assim, os morros cobrindo-se de cerração, a serraria que acabou de parar, alguns pingos soltos nas folhas da jaqueira e as vozes apreendidas de longe... E este estúpido desespero de saber de antemão – de conhecer – o esforço vão desta maldita febre: nada se transmite integralmente (Carta de Mário Peixoto a Lúcio Cardoso, 13/02/1937)

A associação imediata de Ibicuí com Mário Peixoto pode demonstrar – ainda que, anos depois, Lúcio não se lembrasse bem das palavras da carta – a identidade de sentimentos que o desejo de perfeição artística evocava em ambos. São criadores torturados, que dificilmente se desapegam de seus trabalhos em processo, pois nunca se satisfazem com o resultado. Embora expressando-se por meios diferentes e engendrando estilos distintos, Mário e Lúcio comungavam igual dose de decepção diante do andamento da obra, sempre considerado aquém do ideal que tinham em vista. Veja-se, da parte do escritor, outro dos muitos indicadores da insatisfação com seu romance: "Esforço-me para romper *O viajante* dos quadros de simples novela; sua trama me parece bastante complexa e não conseguirei em poucas páginas obter o resultado que pretendo" (Cardoso, 1970, p. 178). Na carta, apesar de jovem, o cineasta insiste: "Tenho passado por uma espécie de extinção – dias de extinção –, tudo acabou-se desde que torno à noção de mim próprio" (Carta de Mário a Lúcio, 13/02/1937). Esse excesso de dramaticidade, tanto nas entradas do diário quanto na correspondência, serve de explicação para as várias obras que ambos deixaram inacabadas, tanto quanto para o aparente descaso de Peixoto em fazer circular seus filmes e suas narrativas. O estado de angústia, de que suas escritas se impregnaram, transborda para a constante tensão presente em suas relações pessoais. Embora não se tenha acesso à resposta de Lúcio à missiva vinda de Ibicuí, sabe-se, pela carta seguinte de Mário, datada de 1º de abril de 1937, que o amigo se perturbou com alguns dos arroubos do remetente. Para esclarecer suas considerações e manter a amizade, Mário enfatiza o convite:

> Eu preciso vê-lo. Preciso conversar qualquer coisa com você, aqui mesmo no 'meu' ambiente que você não deve ignorar. Venha e reflita sobre tudo isso. Não há razão para o seu final de carta desculpando-se de uma incompreensão que não existiu! (Carta de Mário a Lúcio, 01/04/1937)

Mesmo pequena, a correspondência entre Lúcio e Mário é bastante expressiva da trajetória artística torturada dos dois. Se a sensibilidade à flor da pele os aproximava, por certo, também punha obstáculos à sua convivência. Os documentos públicos e pessoais, que nos legaram, suplementam a obra construída, iluminando as marcas paradoxais de sua circulação até o presente.

As cartas de Murilo Mendes, também guardadas no arquivo de Lúcio Cardoso, revelam outros interesses e preocupações, definindo uma convivência talvez mais relaxada, pela diferença de idade e temperamento dos correspondentes. O poeta de Juiz de Fora parece bem à vontade pedindo pequenos favores ao amigo e exortando-o a aderir plenamente ao catolicismo. Aliás, o círculo de escritores, referidos nesta troca epistolar, faz parte do grupo conhecido à época como católico – grupo preterido pela parte mais politizada da crítica, de algum modo ligada ao ateísmo marxista. Os documentos, aqui comentados, não tratam desse assunto; mas vale mencioná-lo para dar conta da maneira como a escrita desse grupo circulou, então, e de como, ainda hoje, se situa na história da literatura brasileira.

As cartas de Murilo estão datadas de 1939 a 1941; pela segunda delas, sabe-se que Lúcio tratou dos poemas murilianos de *A poesia em pânico*. O autor agradece com certa secura e acrescenta uma ressalva:

> O artigo está bom, agradeço muito tua solicitude. Apenas um ponto deves retificar: o livro *Os quatro elementos* é anterior a *A poesia em pânico* e *Sinal de Deus*. [...] Não pode, portanto, ser o complemento, o fecho dos dois. Quanto ao resto, tudo certo. (Carta de Murilo Mendes a Lúcio Cardoso, 28/01/1939)

A carta seguinte, para evitar desagrado da parte do amigo, inclui um esclarecimento também um tanto lacônico:

> Escrevi-te de Pitangui longa carta. Depois que a pus no correio fiquei matutando: talvez o Lúcio não se lembre que eu costumo dar valor às palavras, e estranhe eu ter escrito que o artigo está bom. Não é preciso dizer mais nada. (Bilhete postal de Murilo a Lúcio, 11/02/1939)

No entanto, não cabe concluir que o poeta minimize a perspicácia inteligente e a força inventiva do romancista. É incondicional sua admiração pela novela "O desconhecido" – "Como fundo e forma, considero um livro único e, até agora, inexcedível na literatura brasileira" (Carta de Murilo a Lúcio, 18/01/1941).

O estilo epistolar de Murilo não comporta o tom angustiado que assemelha as autoavaliações de Lúcio e Mário Peixoto. Sua atividade de poeta nem é assunto levantado. Nas páginas, enviadas de Pitangui, o que interessa é a música, uma vez que a discoteca da rádio local ofereceu, ao futuro crítico de gravações e concertos, uma quantidade generosa de discos de Beethoven e Bach. Sabendo do apego de Lúcio aos grandes compositores clássicos, o remetente desenha as linhas principais de sua educação como ouvinte. Não se sabe se o entusiasmo do amigo contagiou Lúcio, que, no *Diário*, já mencionava a "alegria", "brilho" e "feérica decisão" com que Beethoven "atinge o apogeu de um motivo insistentemente manuseado ao longo de seus quartetos" (Cardoso, 1970, p. 103).

Nas demais cartas, no entanto, Murilo toca em questões que de mais perto afetariam Lúcio. Em 15 de outubro de 1939, ao convocá-lo, com grande insistência, a participar da igreja católica, parece querer dirimir, com algumas exortações, todas as dúvidas do companheiro quanto à força de sua fé e sua disponibilidade para integrar as hostes do catolicismo. Quando se observam, *a posteriori*, as certezas entusiásticas de Murilo – "Só existe uma alegria: é a de quem possui a Fé em Deus, quem espera os bens eternos, isto é, a Visão Beatífica" (Carta de Murilo a Lúcio, 15/10/1939) –, percebe-se como devem ter soado incômodas para um escritor, como Lúcio, em luta constante para compatibilizar seus impulsos mundanos de artista com as exigências da crença institucionalizada:

> Até agora não consegui me afastar do mal que escrevo, [...] – esse mal sou eu mesmo, e a paixão do homem, nas suas auras e nas suas ânsias, é idêntica à paixão do romancista. [...] lembro-me aqui de que alguém já disse que não há um único santo que tenha sido romancista. (Cardoso, 1970, p. 137, 138)

Através de uma leitura cruzada de cartas de amigos e de trechos do *Diário*, podemos vislumbrar como as tensões, inseparáveis das atividades de Lúcio Cardoso conduziram sua escrita em direção ao ultrapassar dos limites. A irregularidade de seu trabalho e a marca – por vezes, desconcertante – de seu estilo mostram, para além das conveniências, a força da fabulação romanesca dominando seu pensamento. Essa situação característica fica mais evidente em sua breve correspondência com Cornélio Penna. Dispondo das palavras de um e de outro, podemos perceber, nas entrelinhas do humor que as colore, a trama dos afetos exaltados, contraditórios e sinceros. Embora não estejam datadas, pode-se, facilmente, deduzir que foram trocadas entre 1941 e 1943, período em que Cornélio morou em São Paulo. O grande interesse delas é transpor comentários e notícias para o plano da ficção. São conversas entre romancistas.

Reclamando o silêncio do companheiro, Lúcio cobra realizações do artista e resgata assuntos passados para imaginá-lo às voltas com os objetos antigos de sua coleção: "Não ouso perguntar se você está trabalhando, pois é claro que não está. No máximo estará consertando pauzinhos dourados de uma família defunta, ou reavivando laços de uma velha senhora contadeira de histórias" (Carta de Lúcio Cardoso a Cornélio Penna, sem data). A resposta de Cornélio, também expressando ciúmes forjados, não desmente a suposição de Lúcio, pois afirma: "estou me distraindo furiosamente consertando a mobília do Rei Feiçal". Assim, boa parte do texto descreve, com falsa seriedade, o cuidado com as peças da realeza e transmite informações genealógicas – "O Rei Fruela II, da minha árvore genealógica, foi encontrado na História da Espanha e a Eurídice e o Sobral, um sujeito terrível que trabalha aqui, passaram o dia me insultando e desfazendo do meu antepassado" (Carta de Cornélio Penna a Lúcio Cardoso, sem data). Pode-se definir esse efeito quase infantil de humor branco como um modo generoso e acanhado de provar amizade. A leveza aparente das brincadeiras disfarça o que a literatura de ambos escancara – a angústia por atingir o âmago dos problemas que se apresentam.

Pode-se constatar, no *Diário*, como Lúcio venerava a figura esquiva do autor de *A menina morta*, ao lado da coragem de sua arte, reveladora das opressões da família e da sociedade. Impossível distrair-se diante da força narrativa manejada por Cornélio. O amigo lembra "com extraordinária intensidade certas palavras, certos motivos que lhe são peculiares" (Cardoso, 1970, p. 35). Possivelmente por isso é que a segunda carta (também sem data) de Lúcio recorre a ele, no clímax de suas aflições: "Cornélio, tenha pena de mim, escreve-me qualquer coisa, tenho a impressão de que me atirei no fundo de um poço. (...) E como eu me desprezo, como eu me odeio, como tudo que eu toco parece apodrecer ou converter-se em poeira" (Carta de Lúcio a Cornélio, sem data). Acostumado à exacerbação sentimental do amigo, Cornélio responde procurando minimizar seu furor dramático:

> Verdadeira habilidade seria eu escrever a você serenamente, de longe, falando de coisas interessantes e agradáveis, porque com certeza o acesso de desespero seu já passou, e você agora é o primeiro a rir de nós dois, que tomamos a sério essas coisas [...] (Carta de Cornélio a Lúcio, sem data)

Com a lucidez dos que não desprezam os delírios, Cornélio sabe sintonizar-se com as aflições de Lúcio, pois conhece as altas temperaturas a que chega a imaginação do romancista. No *post-scriptum* da primeira carta, ele se refere à comunicação entre ambos como um intercâmbio entre suas escritas literárias – "você me deu notícias do 'desconhecido' e me pediu do 'repouso'" (Carta de Cornélio a Lúcio, sem data) – sinalizando, no caso presente, para a imbricação inescapável da energia inventiva, exigida pela arte, com a sensibilidade exacerbada do cotidiano do artista. Nessa perspectiva é que o crítico deve situar-se para observar como diário e cartas invadem os romances, transformando as tensões dramáticas em modo extremo de conduzir o pensamento.

REFERÊNCIAS

ARQUIVO LÚCIO CARDOSO – Arquivo-Museu de Literatura Brasileira da Fundação-Casa de Rui Barbosa. Todas as cartas citadas no texto estão conservadas nessa instituição.

CARDOSO, Lúcio. *Diário completo.* Rio de Janeiro: José Olympio; INL, 1970.

______. *Diários.* Org. Ésio Macedo Ribeiro. Rio de Janeiro: Civilização Brasileira, 2012.

______. *O viajante.* (obra póstuma) Intr. Octávio de Faria. Rio de Janeiro: José Olympio, 1973.

LÚCIO CARDOSO E A FORÇA BRUTA QUE NOS HABITA: A PSICANÁLISE EM *MÃOS VAZIAS*

Elizabeth Cardoso

Ida precursora de Nina

Mãos vazias representa a maturidade literária conquistada por Lúcio durante os anos de 1930. Em outros momentos (Cardoso, 2015; 2013 e 2002), tenho chamado atenção para a sua importância e aqui volto a abordá-la – desta vez, com ênfase na presença da psicanálise, saber que conflui com a crítica literária favorecendo a interpretação da obra. Notaremos as questões e conceitos psicanalíticos enquanto tema e enredo, nas estratégias do narrador ao apresentá-la como delineadora de elementos determinantes da personagem principal, Ida, precursora da feminidade presente em *Crônica da casa assassinada* e que se desdobra em Nina e Ana: revolta e transgressão.

Mãos vazias inicia com a morte do filho de Ida, Luisinho, vítima de uma tuberculose aos seis anos de idade. O casamento com Felipe já conta sete anos e, com a morte do garoto, uma crise latente se aprofunda e vem à tona. A narrativa se passa em três dias e três noites, nos quais Ida percorre a pequena cidade ficcional de São João das Almas em busca de uma resposta e de uma saída para seus questionamentos interiores. O narrador (onisciente) apresenta Ida como uma mulher introspectiva, entediada, mãe dedicada, esposa insatisfeita. Na infância e na juventude, ela construíra fama de "estranha": não gostava de bordar, gastava seu tempo lendo romances e dedicava amizade a mulheres de vida *questionável*, como a prima Maria, que, vinda da cidade grande, se divertia na cachoeira com amigos do sexo oposto, ou Ana, *a amigada*, situação civil inaceitável nas décadas de 1930 e 1940.

Todos em São João das Almas avisam Felipe de que o casamento com Ida poderia não ser feliz. Felipe, entretanto, insiste. Ele nunca aceitara muito o modo peculiar e calado da esposa, apenas se acostumara. Acostumar-se, acomodar-se são características de Felipe e das demais personagens de *Mãos vazias*, para desespero de Ida, que se pergunta, atordoada: "Por que será que Deus cercou-me apenas de criaturas medíocres?". Felipe, gerente do banco local, desconfia, mas não consegue imaginar a dimensão do desprezo que a mulher nutre por ele e por sua passividade exacerbada.

Dotada de complexidade, Ida constantemente surpreende com suas ideias e atitudes. Já Felipe pode ser definido com uma palavra: conformismo. Até o último momento ele aceitará tudo e implorará para Ida segui-lo nesse intento. Entretanto, ao invés de comungar com a placidez do companheiro, ela cada vez mais se exaspera com seus lugares-comuns. Tais características tornam impossível a vida a dois.

No amanhecer seguinte ao enterro de Luisinho, Ida, depois de ter uma relação sexual com o médico do menino enquanto Felipe dormia na sala, relata ao marido a noite de sexo. Ela provoca Felipe ao limite, à espera de uma reação. Mas nada acontece: Felipe elogia o fato de ela ter contado tudo e sugere dormirem, pois "amanhã pensaremos nisso". "Amanhã" é muito tempo para ela. Na mesma noite, sai de casa e dá início a um peculiar percurso (Cardoso, 2015). Felipe, depois de uma peregrinação para encontrá-la, acaba por trazê-la de volta a casa, mas os dois acabam discutindo no portão. Ele insiste em deixarem tudo como antes, e Ida, massacrada pela desesperança, entrega-se ao rio que corre ao fundo da casa.

A sugestão de morte remete ao esvaziamento derradeiro. A novela, no entanto, narra um processo paulatino. Ida, no caminho trilhado, tenta despojar-se dos papéis sociais e simbólicos que a vinculam à vida redutora que despreza. Esse intento indica seu desejo de escapar do peso desses papéis que a sobrepõem.

Com a morte do filho, ela deixa de ser mãe; com o adultério e o abandono do lar, renuncia ao *script* de esposa; e sua declarada indisposição com a única amiga indica sua total contrariedade com a sociedade que a cerca, rejeitando assim sua faceta mais sociável. Apesar de "tentar despojar-se", essas máscaras retornam constantemente. A mãe ressurge na dor do luto, enquanto o casamento e a vida social a cercam por todos os lados. *Mãos vazias* aborda os meandros da constituição da mulher como sujeito de seu desejo, estabelecendo o lugar minúsculo e redutor reservado ao feminino na sociedade. Dez anos depois, Simone de Beauvoir (2009, p. 361) anunciará que "ninguém nasce mulher: torna-se mulher".

Para configurar tal feminilidade, o narrador recorre a elementos conceituais e clínicos da psicanálise. Vejamos como isso se dá (e colabora com a leitura da obra) enquanto tema e enredo.

Mãos vazias e a psicanálise

Mãos vazias dá uma medida do interesse de Lúcio Cardoso pelo novo saber, que, já nas décadas de 1920 e 1930, era tema dos círculos intelectuais e artísticos no Brasil, especialmente, no Rio de Janeiro.[1] Lúcio Cardoso, frequentador das rodas intelectuais, leitor voraz e interessado no comportamento e no afeto humano, não fica indiferente a essa movimentação.

Indício de tal fenômeno é a presença do vocabulário ligado ao jargão psicanalítico presente em *Mãos vazias* ("abalos nervosos", "psicose", "divã", "culpa" ou algo mais efêmero como "impulso de uma força bruta que os habita", referindo-se ao que conhecemos como pulsões do inconsciente).

Ressalta-se que, se com *Mãos vazias* é possível perceber com clareza o interesse latente de Lúcio Cardoso pelas relações possíveis entre o literário e o psíquico, deve-se também notar que Lúcio muitas vezes parece estar tateando as ideias de Freud ou mesmo influenciado por textos anteriores à psicanálise freudiana, tendo em vista sua constante referência a um "subsolo da alma humana", uma "profundidade da alma" ou até um "fundo da consciência", que remete a autores anteriores ou contemporâneos ao psicanalista vienense.[2] De

---

1 Já ao fim do século XIX, o psiquiatra Juliano Moreira fez uma exposição sobre a psicanálise na Faculdade de Medicina do Rio de Janeiro. A presença do novo saber fazia-se sentir em ações isoladas como artigos, vivências em clínicas e conferências, mas sem uma configuração institucional de conjunto. Na década de 1920, a cena amplia-se. O "Manifesto antropofágico", de Oswald de Andrade, lança mão de termos freudianos para expressar os novos caminhos artísticos, com clara influência das vanguardas europeias que dialogavam com a psicanálise, especialmente o surrealismo. Em 1928, Durval Marcondes inicia correspondência com Freud, edita a *Revista Brasileira de Psicanálise* e busca formar o primeiro grupo de psicanalistas brasileiros, tarefa que será possível com o trabalho da doutora Adelheid Koch (cf. Mokrejs, 1992).

2 Refiro-me aos entusiastas do tratamento moral e, até mesmo, Pierre Janet, com quem Freud chega a disputar a paternidade do termo "inconsciente". Os estudiosos e curiosos da medicina e da psicologia imaginavam um "subconsciente" como uma parte da consciência que funcionaria como um papel de fundo imperceptível, que deveria continuar sempre assim (ao menos até a loucura expô-lo) ou como se o sistema psíquico estivesse dividido em camadas verticalizadas. Sobre a construção do conceito de inconsciente consultar Garcia-Roza (2008a) e, a respeito de Janet, Roudinesco (1998).

toda forma, sem que sejam abordados detalhes sobre a história da psicanálise, cabe ressaltar que as referências do romancista aos temas freudianos consagrados estão marcadas pelo contexto histórico-cultural-social que envolvia os primeiros passos da psicanálise no Brasil, incluindo os equívocos próprios da divulgação e reprodução de um novo saber.[3]

Nesse contexto, a sugestão à psicanálise ganha relevo em *Mãos vazias*. E não são raros os momentos nos quais esse conhecimento circunda a narrativa. O diagnóstico do médico para Ida, juntamente com diálogos e situações consequentes, é exemplar.

Quando sai à procura do médico, Ida sabe exatamente o que busca, "compreensão de si por si mesma e pelos outros" (p. 263), mas tem consciência de que o doutor não a salvará: "Ida não se enganava, não esperava daquele homem nenhum gesto de heroísmo" (p. 263). Sua certeza de que a consulta não seria suficiente aponta para a confirmação de que seu desejo se realiza mais no ato de ir até o médico e na oportunidade de falar sobre si mesma do que propriamente na consulta, pois "confiava apenas nas suas próprias forças" (p. 263).

Diante de Ida, o médico refugia-se no seu suposto saber e diagnostica: "Não compreendo esses distúrbios... esses nervos... mas parece-me... (...) Existe dentro de si um grande vazio. (...) O seu mal é o de não saber como empregar a sua força. E é inútil esconder que é um mal bastante grave, pois conduz aos piores desatinos" (p. 267).

Com Ida, o médico evita termos técnicos, porém, com Felipe, lança mão de conceitos, para, talvez, mostrar profissionalismo e indicar sua distância em relação à paciente, o que o tranquiliza. Em uma conversa formal entre os dois homens, em praça pública, o médico repete a teoria dos "nervos abalados" pela morte do filho e lembra outros casos de "psicose", momento em que, como define, "agimos muitas vezes sem discernimento, como ao impulso de uma força bruta que nos habita" (p. 288).

Enquanto Felipe não compreende nada do que ouve, Ida concorda com a explicação e reconhece no diagnóstico o enorme vazio que sente, conforme sugeriu o médico. Aliás, já o título, *Mãos vazias*, antecipa o tema capital da

3 Outro indício da influência das ideias psicanalíticas na prosa de Lúcio Cardoso é a frequência do auxílio desse saber em sua fortuna crítica. Seja de forma não referenciada, desde Agrippino Grieco (1948), passando por Nelly Novaes Coelho (1996), até a produção mais recente, com indicações diretas de Freud e Lacan, como em Guy Besançon (1996) e Ruth Silviano Brandão (2006).

novela: a ausência. Falta algo nas mãos de alguém. O substantivo adjetivado e no plural indica o gesto de carregar, de segurar, de conter e de esperar um objeto de peso e de valor, pois é necessária mais de uma mão para suportá-lo. O adjetivo "vazias", por sua vez, pressupõe subtração, alguma coisa que deveria estar nas mãos e não está; vazio pode ser a condição de um recipiente, as mãos ficam desocupadas, relaxadas, livres. Vazias só ficam as mãos desejosas. A dona exemplar dessas mãos vazias é Ida, mas a marca do desejo impossível é de todos nós.

Ao voltar para a casa de Ana, sua amiga e confidente também inicia uma escuta da fala de Ida, o que é corriqueiro, mas a força das recordações da infância e a presença de um divã estabelecem paralelo com o ambiente da clínica psicanalítica:

> Junto de Ida, que se deitara no divã de *reps* claro, [Ana] não ousava quebrar o silêncio, embalada pelas lembranças que, de tão próximas, pareciam povoar a sala. [...] erguendo-se afinal na semi-obscuridade em que repousavam, pôs-se a examinar cuidadosamente a face de Ida. (Cardoso, 2000, p. 269-270)

Depois de tal "exame", Ana também acredita que Ida tem um "abalo nervoso" devido à morte de Luisinho. Para explicar o que sente, e motivada pelas considerações médicas, Ida inicia a confissão e tenta encontrar explicações para o sofrimento ao contar sua história: "do mesmo modo incontrolado com que vinha agindo desde algum tempo, pôs-se a narrar toda a sua história, numa voz suave e lenta" (p. 270).

Após a fala que anseia por compreensão, "estendida no mesmo lugar" (p. 271), no divã, ela se perde em recordações da infância e busca as raízes de sua tendência ao recolhimento, sempre avessa às tarefas típicas do feminino. Lembra-se também de sua prima Maria e, de maneira sintomática, o suicídio surge como alento para as mulheres incompreendidas. É justamente a não compreensão do feminino que compõe a especificidade psicanalítica sobre o tema, uma vez que tanto Freud como Lacan consideram a feminilidade na indefinição ou na impossibilidade de representação, aspecto explorado pelo narrador de *Mãos vazias*.[4]

4 Cabe ressaltar que a obra de Freud foi preferencialmente consultada na *Edição standard brasileira das obras psicológicas completas de Sigmund Freud (ESB)*, de 1996. Outras edições, entretanto, como a de 1972 e a de 2006, também serviram como referência. No corpo do texto e nos rodapés, quando não houver indicação do ano da edição brasileira é porque se refere à de 1996, caso contrário, a data será especificada. Como é de praxe, os textos desse autor virão acompanhados do ano da primeira publicação.

Discurso da incompreensão: o enigma da feminilidade

A fortuna crítica dedicada a Lúcio Cardoso tem apontado seu narrador como um dos elementos mais exemplares de sua prosa, na medida em que este reuniria aspectos marcantes da obra do romancista, como a onisciência divino-moralista de um narrador que conta histórias exemplares de pecado, culpa, sofrimento, arrependimento e remissão.

Adonias Filho (1958, p. 91), por exemplo, afirma que o herói em Lúcio Cardoso "não é uma figura individualizada em qualquer dos romances". Álvaro Lins (1963, p. 121), analisando a produção de Lúcio até meados da década de 1940, pontua que "nos diálogos, porém, vemos que todos os personagens, por mais diferentes que sejam, falam quase sempre dessa mesma maneira: a maneira pessoal do próprio novelista". Na mesma direção, Nelly Novaes Coelho (1996, p. 778) considera que "acima de tudo suas personagens parecem servir de 'instrumento' a uma presença mais forte: a voz do narrador (...)". E o trabalho de José Américo de Miranda Barros (1987, p. 79), um dos poucos dedicado exclusivamente ao narrador da prosa de Lúcio, conclui que "sua posição [a do narrador] é privilegiada: ele tem acesso à interioridade de todas as personagens".

De fato, cabe concordar que o narrador de Lúcio, inicialmente, parece querer ter controle completo sobre suas criaturas e suas histórias. Basta observar a frequência com que lança mão da onisciência e a distância construída entre si e as personagens por meio de julgamentos moralistas.[5] No entanto, a interpretação da prosa de Lúcio Cardoso com ênfase nas figuras femininas acrescenta um novo aspecto a seu narrador, pois elas parecem resistir à onisciência, permanecendo donas de seus segredos e revelando-se na indefinição.

O narrador de *Mãos vazias* está unido a Ida. Tal empatia evidencia-se tanto no encontro de suas vozes – a ponto de, em certas passagens, ser difícil identificar quem fala, o narrador ou a personagem feminina principal[6] – como

5 Em *Mãos vazias*, há uma pequena coleção deles. A título de exemplo, cito os mais contundentes: "Certas pessoas precedem a fama, como o ruído antes da enchente que passa" (p. 203); "É que em certas pessoas o amor se reveste dos mesmos aspectos que a crueldade" (p. 208); "Pertencia [Ida] a uma classe de mulheres orgulhosas demais para esconderem as próprias fraquezas" (p. 232); "Ah! Essa gota de heroísmo que certas almas procuram nos atos mais vis..." (p. 235); "Ela [Ida] era uma dessas mulheres que trazem no rosto o seu destino" (p. 242); "Certas almas atravessam anos em decomposição, e depois é impossível reter as parcelas que tombam pelo caminho" (p. 259).

6 Tal fenômeno ocorre, por exemplo, nas seguintes passagens: "Decerto [Ana] achava que nenhum momento poderia existir tão inconveniente quanto aquele para uma separação

no esforço deste em configurar a mediocridade masculina, especialmente na figura de Felipe. Porém, apesar dessa proximidade, sugerindo a intenção do narrador de contar a história de Ida a partir do ponto de vista da personagem, chama a atenção sua insistência em ressaltar a incompreensão que a circunda. Todos se declaram incapazes de entendê-la. Felipe chega a sentenciar sua completa inabilidade: "Havia coisas em Ida que [Felipe] *nunca chegaria a compreender*" (p. 226, [grifo meu]). Em certa altura da novela, Ida ganha ares mitológicos, tamanho seu mistério: "Ida começava a adquirir para Felipe o aspecto de um mito. É que vagamente tinha a intuição de existir naquilo tudo um *mistério bem mais profundo do que parecia*" (p. 288, [grifo meu]). A cada olhar, Ida já não é a mesma: "Ao vê-la entrar, Felipe sentiu-se aturdido, *sem reconhecê-la*. Era uma mulher estranha a que estava diante dele, uma Ida como nunca vira na sua existência (...)" (p. 301, [grifo meu]). Ele, em vão, tenta questionar a esposa: "*Não posso compreender*, Ida, vivíamos bem, nada nos faltava. Como de repente tudo pode ter se modificado desse modo?" (p. 303, [grifo meu]). Desesperado, Felipe suspeita da exclusividade de sua ignorância, e Ana o consola: "É curioso, mas tenho [Felipe] a impressão de que sou o único que não conhece Ida (...) É preciso, é preciso não desanimar! Existem mulheres assim... *Nem elas próprias sabem o que desejam*" (p. 295-296, [grifo meu]). Mas mesmo Ana se surpreende com as várias faces da amiga:

> Ana acabava de relatar a Ida o que tinha feito [buscar Felipe]. Armazenara uma grande dose de argumentos, esperando que ela reagisse com violência e, ao contrário, o que tinha vindo encontrar era uma criatura diferente, passiva, bloqueada por uma frieza que atingia os *limites da incompreensão*. (Cardoso, 2000, p. 299, [grifo meu])

E o médico, representante da sabedoria e dono das respostas para as questões de vida e morte, assume sua incerteza sobre Ida: "Escute, nada sou senão um pobre médico do interior. Não compreendo esses distúrbios... esses nervos... *mas parece-me...*" (p. 267, [grifo meu]).

A insegurança do médico remete ao posicionamento de Freud e Lacan. O primeiro, sem conseguir chegar a uma definição, deixa o enigma do feminino

---

entre o casal. Ana era uma dessas mulheres que não acreditam que certos fatos se processam à revelia dos nossos pressentimentos" (p. 257); "Só aceitamos do julgamento dos outros o que de qualquer modo nos justifica" (p. 271). Sutilmente a voz de Ida agrega-se à do narrador. O exemplo mais comovente, "Depressa, depressa, antes que ele voltasse" (p. 308), conota sua companhia na corrida final de Ida.

aos poetas (Freud 1931/1977 e 1932/1977); o segundo conclui que só se pode saber da mulher parcialmente porque ela se dá dentro da linguagem (Lacan, 1985) e a linguagem é o espaço onde o saber completo escapa.

O narrador de *Mãos vazias* parece ter percebido essa característica do feminino, pois, enquanto as demais personagens mostram-se inconformadas em não compreender Ida, insistindo para que ela se adapte, Felipe faz-lhe um pedido direto: "Afinal, Ida, é preciso que você se conforme" (p. 305). O narrador transforma essa não definição em elemento relevante do enredo e, por meio da articulação desse não saber, alcança retratá-la, colocando-a no campo da mobilização geradora de incertezas.

A ênfase colocada na incompreensão de Ida leva à hipótese de que, para além de descrever e configurar uma mulher, em *Mãos vazias* é urgente a necessidade de patentear o não entendimento sobre ela. Assim, inicialmente, a preocupação do narrador é acentuar a história de incompreensão que perpassa a vida de Ida.

Silêncio feminino: significante de resistência

Na obra de Lúcio Cardoso, o aspecto do silêncio procede dos discursos indireto e indireto livre que a voz do narrador assume, enfocando suas personagens em solilóquios dedicados à reflexão sobre si ou sobre questões filosófico-religiosas. Os raros diálogos proporcionam ao leitor um contato direto com a fala dessas mulheres. Na maior parte do tempo, porém, sabe-se o que elas pensam apenas por meio do narrador, o qual se inscreve, ininterruptamente, no discurso indireto ou nas aspas, delimitadoras do que poderia ser um monólogo interior indireto. Em meio a esse discurso silencioso, prevalece o desespero feminino em sua busca de autonomia, liberdade e expressão, quase sempre fracassada. Essa retórica da mudez reforça mais a questão sobre *como as mulheres são incompreendidas* do que a recorrente pergunta *o que quer uma mulher*, ou seja, na prosa de Lúcio destaca-se mais uma tentativa de escutar o feminino do que de evidenciar sua fala. Tal procedimento joga o narrador no centro da narrativa, pois sua mediação torna-se imperiosa.

A busca de um caminho de expressão para mulheres sem escuta, e que raramente tiveram a oportunidade de tornar públicas suas opiniões, gera, por um lado, uma sensação de sufocamento, de humanidade estrangulada, que toma conta dos livros com seus finais trágicos e carregados de mutismo. Por outro lado, essa procura, realizada na literatura, faz com que essas mulheres ganhem, por meio das novelas e romances, um modo de expressão. Interessa destacar a forma pela qual a configuração do feminino se dá em *Mãos vazias*, já que algo especial ocorre com Ida – o narrador articula o texto de modo a parecer que ela resiste a ele, mantendo seu itinerário transgressor. O narrador onisciente, que tudo sabe, não sabe, propositadamente, tudo de Ida. Nos meandros da ficção, ela se rebela até contra ele, na medida em que barra o saber sobre o seu sonho e se comunica por meio da repetição, comportamentos frequentes no sujeito que resiste à interpretação.[7] Procedendo dessa maneira, o narrador admite sua incapacidade de saber do feminino, uma vez que ele retrata Ida na resistência do sonho não revelado e da repetição.

Não custa sublinhar ainda que, psicanaliticamente, o sujeito que repete está apresentando um enigma, está desafiando o analista dentro dos trâmites da transferência. Com seu inusual percurso, Ida acaba também por desconcertar a inteligência tanto das demais personagens, como a dos leitores, o que pode ser observado nos comentários de Cabral e Mendes.[8] Tal desafio atinge até mesmo o narrador, que se limita a contar as ações de Ida mantendo as discrepâncias sem adendos.

Aqui, o destaque recai sobre o sonho não revelado, para o qual o narrador fica, intencionalmente, barrado, resultando no comprometimento de sua onisciência em nome do reforço do enigma do feminino.

---

7 Remete-se, aqui, ao texto de Freud, "Resistência e repressão", no qual o psicanalista elenca formas do analisando resistir à análise, com destaque para a recusa em falar, a insistência em duvidar da eficiência do tratamento e o ato de repetir: "Em vez de recordar, *repete* atitudes e impulsos emocionais [do] início de sua vida, que podem ser utilizados como resistência contra o médico e tratamento, através do que se conhece como 'transferência'" (1915, ESB, v. XVI, 1996, p. 297).

8 Os comentários dos críticos Mário Cabral e Oscar Mendes talvez sejam os mais emblemáticos da surpresa causada pelas atitudes de Ida. O primeiro expressa de modo direto a impressão geral do livro: "na realidade a heroína de Lúcio Cardoso sofria de uma moléstia chamada, em bom português, pouca vergonha [...] Admite-se, sem dúvida, um gesto ou uma atitude fora do estalão da existência comum. Torna-se ilógico, porém, que duas personagens como as que apresenta o autor, de formação social e espiritual semelhante a de todas as pessoas dos pequenos aglomerados urbanos, exibissem, sem razão plausível, essa verdadeira série de falsas determinantes psicológicas" (Cabral, 1943). Oscar Mendes (1982, p. 318) também considera alguns atos insensatos, como a procura de Felipe pela esposa: "Não se compreende também que o marido de Ida, no dia da fuga desta, numa cidadezinha do interior onde todos se conhecem, a tenha procurado em todas as casas menos precisamente na da única amiga de Ida. É um arranjo evidente do novelista."

A cena do sonho se dá no segundo capítulo da novela. Três horas depois do enterro de Luisinho, Ida encontra-se deitada em sua cama, mesclando recordações, devaneios e fatos cotidianos; perfazendo sua vida, tentando estabelecer uma plataforma mínima para levantar-se e reiniciar sua caminhada:

> Durante muito tempo esteve inconsciente. Algumas vezes, abrindo os olhos na escuridão, escutava restos de frases, pedaços de conversas que não se ligavam, suspiros, ruídos que a distância tornava singularmente estranhos. Depois adormecia de novo e sentia a tranquilidade derramar-se no seu corpo como um bálsamo. (Cardoso, 2000, p. 207)

A atmosfera, remetendo ao inconsciente, é explícita, mas o narrador não conhece o sonho, que fica restrito a Ida. Ora, por meio do material onírico manifesto (fachada do sonho), seria possível vislumbrar ideias, lembranças, afetos (material latente), formadores do sonho e possível via de conhecimento do desejo de Ida, pois tais recordações e demais pensamentos, dentro da lógica da construção dos sonhos, agem em conjunto para formar imagens e sensações que buscam a realização de um desejo, função do ato de sonhar, conforme afirmado por Freud (1900/1996) em *A interpretação dos sonhos*. O narrador chega a admitir que ela sonhou, mas pactua com a impossibilidade de adentrar o material, reduzindo-o a "fragmentos de sonhos". Tal desinteresse chama a atenção num texto marcado pela relevância dos processos íntimos:

> Aos poucos [Ida] acostumou-se, perdeu a vontade de levantar-se. Fechava os olhos e readormecia devagar, sentindo que tudo se confundia – restos da vida exterior com *fragmentos de sonhos*, frases que se diluíam sem se complementarem e que aos poucos causavam uma angústia que demorava na sua garganta como o calor de uma sede prolongada. (Cardoso, 2000, p. 207, [grifo meu])

O sonho permanece oculto, e, se não se conhece o sonho, como saber sobre o desejo? Mais uma vez a ausência de resposta para *o que quer Ida*.

Quando o momento requer intimidade, o narrador acaba também por esquivar-se. Tal ideia pode ser ilustrada no relato da traição a Felipe – não se declara exatamente o que Ida conta ao marido, sabe-se apenas que "começou friamente a sua narrativa, sentindo que aos poucos se libertava de um peso" (p. 233); também não se transcrevem as palavras usadas por Ida para desabafar com Ana. Porém, pelo comentário que esta emite, o caso com o médico não foi o centro do relato, e sim sua infelicidade ontológica: "Só agora eu [Ana] sinto como é terrível a sua solidão" (p. 271).

No entanto, as situações mais plenas da onisciência (limitada, enfim, pelo próprio narrador) são a cena de sexo entre Ida e o médico e a de sua entrega ao rio. Logo, quando Ida decide seduzir o amigo do marido, o narrador declara desconhecer suas motivações e sentimentos:

> *Uma estranha agitação* tinha-a dominado. O seu pensamento plasmava a imagem de Felipe adormecido como um bruto. Uma *sensação desconhecida* formigou-lhe no sangue. Agindo ainda ao *impulso dessa força obscura*, fechou os olhos e deixou pender a mão no vácuo. (Cardoso, 2000, p. 212, [grifos meus])

O narrador sabe muito pouco além do que os olhos podem ver e restringe-se a uma descrição de ações. E mesmo estas não se permitem ver na totalidade, pois no, ato sexual em si, ele se retira, deixando-o sugerido e descrito a partir do ponto de vista do médico, e não do de Ida: "E de repente, sem poder conter-se mais, abraçou-a, cobriu-a de beijos mornos, demorados" (p. 213).

Para ambientar sua proposital onisciência falhada, ele culpa a péssima memória de Ida: "Ao amanhecer, quando o médico já tinha partido, ela sentiu que esses acontecimentos deslizavam tranquilamente para a sombra. Nenhum deles deixara a mais leve marca na sua consciência" (p. 215). O que estava dito por meio do sonho não revelado se confirma com essa declaração literal sobre conhecer apenas o plano consciente da personagem feminina em questão. Aliás, a primeira informação da novela é que a memória de Ida é falha: "Dera para ter ultimamente desses esquecimentos, perdia-se entre duas palavras de uma conversa ou esquecia o objeto que procurava a meio do caminho" (p. 201). Numa narrativa na qual o lembrar é primordial, torna-se curioso que a heroína esteja sofrendo de esquecimentos. Com essa pequena observação, o narrador já começa a tecer a trama, pois valoriza seu conhecimento das lembranças de Ida, relativiza a exatidão e a incoerência do narrado, introduz o tema da memória.

Diante desse segredo, o único modo de saber de seus desejos é por meio da interpretação de seus lapsos, resistências e repetições. Daí a artimanha do narrador de configurar Ida numa cadeia significante que repete o *ir-se* anunciado em seu nome e que indica seu desejo de evasão.

Nesse sentido, seu ato derradeiro, entrar no rio, é exemplar. Pois, apesar de ser o último, ele não fecha a cadeia, apenas a deixa aberta para interpretações.

Sob a coação de Felipe, Ida segue com ele para casa, aparentemente fechando seu percurso com o retorno para o lugar de saída. Mas ela não chega a entrar na casa. Após uma briga com o marido, segue para o rio.

A relação de Ida com o rio, que corre ao fundo do quintal, é importante para visualizar a cena final da novela. Ela escolhe o local e insiste para morarem ali por causa do rio que a propriedade abrigava ao fundo. O marido era contra, pois a residência ficava "perto do lugar denominado de Baixa, habitado somente por negros e mulheres de meios fáceis" (p. 227). O rio, porém, atraía-a:

> Agradava-lhe dormir ouvindo o rumor da água e gostava de abrir a janela ao amanhecer, para ver a verdura das ilhotas que o cobriam. Às vezes, acordada, esforçava-se para escutar o rio, mas quase sempre nada distinguia. Era uma atração profunda e o marido, que tinha lido alguns romances, achava que era um caso puramente sentimental. Manias... Nesses momentos Ida sorria, imaginando que Felipe nada fazia senão repetir a voz geral. (Cardoso, 2000, p. 209-210)

Desde o início do livro, o interesse de Ida pelo rio remete ao desfecho de sugestão suicida. Tal ideia de atentar contra a própria vida está presente a partir do dia em que a prima Maria, seu modelo durante a juventude, toma veneno para morrer. O rio também surge como um meio de transporte, uma possibilidade de fuga, um canal para novos mundos, rumos e caminhos dos sonhos solitários da personagem. Uma reserva de felicidade, um plano B. Algo que realizasse o que seu nome prometeu: uma retirada, e não propriamente um suicídio.[9]

É constante a influência decisiva das águas na vida das pessoas, no decorrer do texto,[10] e a ideia de autoafogamento fica indicada pela melancolia crescente

---

9 A título de curiosidade, vale transcrever aqui um último parágrafo que consta no manuscrito de *Mãos vazias* e que não foi publicado pelo autor. O trecho diz respeito à reação de Felipe após o desaparecimento de Ida no rio, mas não confirma nem desmente o suicídio: "Felipe tinha aberto a porta e descera para procurar Ida. Quando percebeu que estava só, correu à grade, chamou-a aos gritos, mas a rua estava deserta. Não era possível que ela tivesse desaparecido tão rapidamente. Voltou-se com o coração batendo e distinguiu no fundo do jardim alguma coisa que se movia. Aproximou-se cheio de temor e reconheceu a echarpe de Ana. Talvez Ida jogasse uma partida de mau gosto. Mas bruscamente, contemplando de novo a echarpe presa nos espinhos, compreendeu a sua significação terrível e sentiu que uma vertigem se apossava do seu ser. 'Ida!', exclamou sufocado. Devagar, dirigiu-se para a praia. Tudo estava mergulhado no silêncio. Do lugar onde estava, Felipe contemplou de novo a echarpe que o vento fazia flutuar. Era o único sinal de vida nas trevas que o cercavam. Então ele escondeu o rosto nas mãos e sem saber que resolução tomar, pôs-se a soluçar baixinho. As primeiras gotas de chuva caíam". O manuscrito foi consultado no Arquivo-Museu de Literatura da Fundação Casa de Rui Barbosa, no Rio de Janeiro.

10 Tal influência pode ser observada, por exemplo, nos seguintes trechos: "O homem permanecera no meio da catástrofe, envelhecido, impotente para reprimir o avanço dessa água tumultuosa" (p. 252); "Não podia explicar que já não lhe importava o grau das suas relações, que tinha vindo apenas como um náufrago que se lança à primeira tábua flutuante"

de Ida, pela discussão com o marido, sinalizando sua falta de alternativa, pelo clima de desespero impresso em toda a novela e pela referência à morte, "uma atmosfera de morte que já não conseguiam dissimular" (p. 307). No entanto, textualmente não há informação de que ela tenha morrido, sabe-se apenas que Ida entrou no rio:

> Afinal, pisou na areia grossa da praia. O odor fétido do pântano estonteou-a um momento, mas, levada pela força da ideia que a dominava, Ida não se deteve, continuando a correr. Junto da água, deteve-se um minuto, desorientada com o mau cheiro que subia. Nas suas costas sentia o luar como uma punhalada. Começou a penetrar lentamente, sentindo as raízes e os detritos chocarem-se nas suas pernas. A luz da Lua varava o pântano, estendia-se até o centro do rio, como o reflexo morto de um incêndio. Então, docemente, Ida deixou-se *resvalar, perdeu-se para sempre nas profundezas da noite*. (Cardoso, 2000, p. 308, [grifos meus])

As palavras foram escolhidas cuidadosamente para formar a cena de modo poético e ambíguo. Primeiro se estabelece o reflexo da lua na água, o que colabora com a duplicidade das "profundezas da noite". Ida se perde nas águas, como uma afogada, ou desaparece na noite, como numa fuga? O uso do verbo "resvalar" também auxilia na duplicidade. Além de significar "cair por um declive, desligar, escorregar", reforçando a ideia do afogamento, guarda o sentido de "escapar-se, esquivar-se, fugir", segundo o *Dicionário Aurélio* (1986).

Outro momento textual que enfraquece a leitura do suicídio é quando Ida, nitidamente, distancia-se da noção de objeto, segundo Freud, condição essencial para cometer o suicídio,[11] e assume-se mais uma vez sujeito:

> Então Ida levou a mão ao peito e tudo o que se comprimia na sua alma pareceu explodir naquele instante. Que direito tinha aquele homem sobre a sua vida? Por que arrastá-la daquele modo, por que submetê-la como um ser destituído de vontade, como uma criança desatinada? (Cardoso, 2000, p. 306)

Mas, se Ida não se mata, por que insistir na sugestão do suicídio? Em Lúcio Cardoso, a concepção de morte, de pulsão de morte, está vinculada

---

(p. 255); "Não sei lhe explicar como – prosseguiu Ida –, mas uma vez na vida acontece qualquer coisa que nos impede de voltar contra a corrente" (p. 302).

11 Em "Luto e melancolia", Freud (1917, ESB, v. XIV, 1996, p. 257) postula que o sujeito só pode se matar se tratar a si mesmo como um objeto: "o ego só pode se matar se, devido ao retorno da catexia objetal, puder tratar a si mesmo como um objeto – se for capaz de dirigir contra si mesmo a hostilidade relacionada a um objeto, e que representa a reação original do ego para com objetos do mundo externo."

à ideia de destruição como recomeço, como nova oportunidade. Assim, de toda forma, a morte figuraria nesse desfecho como um gesto de liberação e coragem.

Tal perspectiva está presente na tradição filosófica, que apontou três justificativas aceitáveis para o suicídio, quando "a morte nos libera de uma existência breve e infeliz, é desprovido de razão o fato de continuar a viver quando só podemos entrever desgraças e infelicidades, e por fim, a morte de si é a prova suprema de nossa liberdade" (Puente, 2008, p. 15). O suicídio surge como último recurso de quem busca controle sobre sua vida e o mundo. Quando nada mais é possível, ainda resta o controle sobre o próprio corpo. Assim, a *morte de si* é prova incontestável da supremacia do sujeito sobre seu destino e seu desejo. Schopenhauer (1985) sublinhará o suicídio como ato pleno de energia de vontade.

O último parágrafo de *Mãos vazias* reforça um narrador em dúvida sobre o que quer, o que faz ou para onde vai uma mulher, mas que, simultaneamente, configura essa dúvida sob a marca da necessidade de admiti-la e aceitá-la e, acima de tudo, de evidenciá-la. Ao fim e ao cabo, o narrador que tudo sabe não sabe tudo de Ida. Tal desconhecimento, no entanto, faz parte também de seu artifício de narrar o feminino como um signo dos desafios, incompletudes, indeterminações e mistérios da *alma* humana.

REFERÊNCIAS

BARROS, José Américo de Miranda. *A constituição do narrador na ficção de Lúcio Cardoso*. Dissertação (Mestrado em Literatura Brasileira) – Faculdade de Letras, Universidade Federal de Minas Gerais. Belo Horizonte, 1987.

BRANDÃO, Ruth Silviano. *Mulher ao pé da letra*: a personagem feminina na literatura. Belo Horizonte: Editora UFMG, 2006.

BESANÇON, Guy. "Notas clínicas e psicopatológicas". In: CARDOSO, Lúcio. *Crônica da casa assassinada*. Coordenação de Mario Carelli. 2. ed. Rio de Janeiro: Editora UFRJ, 1996. (Coleção Archivos). Edição crítica.

BEAUVOIR, Simone de. *O segundo sexo*. Trad. de Sérgio Milliet. 2. ed. Rio de Janeiro: Nova Fronteira, 2009.

CABRAL, Mário. *Correio de Aracaju*, Aracaju, 27 set. 1943. Recorte consta no Arquivo Lúcio Cardoso da Fundação Casa de Rui Barbosa, Rio de Janeiro.

CARDOSO, Lúcio. *O desconhecido e Mãos vazias*. Rio de Janeiro: Civilização Brasileira, 2000.

_____. *Crônica da casa assassinada*. Coordenação de Mario Carelli. 2. ed. Rio de Janeiro: UFRJ, 1996. (Coleção Archivos). Edição crítica.

CARDOSO, Elizabeth. O caminhar discursivo do feminino em Mãos Vazias, de Lúcio Cardoso. In: *Bakhtiniana*: Revista de Estudos do Discurso, v. 10, p. 57-74, 2015.

_____. *Feminilidade e transgressão* – uma leitura da prosa de Lúcio Cardoso. 1. ed. São Paulo: Humanitas/FAPESP, 2013. v. 500. 348 p.

_____. *O cinema de Lúcio Cardoso e uma leitura cinematográfica de sua novela Mãos vazias*. Letras (UFSM), v. 34, p. 39-53, 2007.

COELHO, Nelly Novaes. "Lúcio Cardoso e a inquietude existencial". In: CARELLI, Mario (Coord.). *Crônica da casa assassinada,* edição crítica. 2. ed. Rio de Janeiro: Editora UFRJ, 1996. p. 776-783. (Coleção Archivos).

FERREIRA, Aurélio Buarque de Holanda. *Novo dicionário da língua portuguesa*. Rio de Janeiro: Nova Fronteira, 1986.

FILHO, Adonias. Modernos ficcionistas brasileiros. *O Cruzeiro*, p. 91, 1958.

FREUD, Sigmund. *ESB – Edição Standard Brasileira das Obras Psicológicas Completas de Sigmund Freud*. Traduzido do alemão e do inglês sob a direção geral de Jayme Salomão. Rio de Janeiro: Imago, 1996.

_____. *OCBN – Obras Completas de Sigmund Freud Biblioteca Nueva*. Tomos 1, 2 e 3. Tradução direta do alemão para o espanhol de Luis Lopez-Ballesteros e de Torres. Madri: Biblioteca Nueva, 1981.

_______. *A sexualidade feminina*. Rio de Janeiro: Graal, 1931/1977.

_______. *Feminilidade*. Rio de Janeiro: Graal, 1932/1977.

GARCIA-ROZA, Luiz Alfredo. *Introdução à metapsicologia freudiana*, volume 3: artigos de metapsicologia, 1914-1917: narcisismo, pulsão, recalque, inconsciente. Rio de Janeiro: Zahar, 2008.

GRIECO, Agrippino. *Gente nova no Brasil*. Rio de Janeiro: José Olympio, 1948.

LACAN, Jacques. *O seminário,* livro 20: mais, ainda. Trad. M. D. Magno. Rio de Janeiro: Zahar, 1985.

LINS, Álvaro. *Os mortos de sobrecasaca*. Rio de Janeiro: Civilização Brasileira, 1963.

MENDES, Oscar. *Seara de romances (década de 1930)*: ensaios críticos. Belo Horizonte: Imprensa Oficial, 1982.

MOKREJS, Elisabeth. *A psicanálise no Brasil*: as origens do pensamento psicanalítico. Rio de Janeiro: Vozes, 1993.

PUENTE, Fernando Rey (Org.). *Os filósofos e o suicídio*. Belo Horizonte: UFMG, 2008.

ROUDINESCO, Elisabeth; PLON, Michel. *Dicionário de psicanálise*. Trad. de Vera Ribeiro. Rio de Janeiro: Zahar, 1998.

SCHOPENHAUER, Arthur. *O mundo como vontade e representação*. Trad. Wolfgang Leo Maar, Maria Lúcia Mello e Oliveira Cacciola, Rubens Rodrigues Torres Filho. São Paulo: Abril Cultural, 1985. (Os Pensadores, v. 31).

LÚCIO CARDOSO E CORNÉLIO PENNA: PARCERIAS TEXTUAIS DO GÓTICO BRASILEIRO

Fernando Monteiro de Barros

> *O passado, conservando o sabor do fantasma, recuperará a luz e o movimento da vida, e se tornará presente.*
> (Baudelaire, *O pintor da vida moderna*, 1863)

Os romancistas brasileiros Lúcio Cardoso (1912-1968) e Cornélio Penna (1896-1958) debutaram literariamente na década de 1930, com *Maleita* (1934) e *Fronteira* (1935), respectivamente. A historiografia literária os inscreve na linha do romance psicológico, que floresceu em nossas letras paralelamente ao romance regionalista, mais conhecido, e ao romance urbano. Os anos 30 assistem à segunda fase do nosso Modernismo, em que, passada a ênfase na modernização e na nacionalização, a literatura e as artes se voltaram para as contradições provenientes do choque entre a tradição e a modernidade em nosso país. O romance psicológico, de sondagem existencial e temática universalista, costuma ser excluído do rol de textos literários que, no Brasil de então, abordavam questões relativas à cultura e à sociedade brasileira. No entanto, o cenário em que se passam muitas de suas narrativas – como *A menina morta* (1954) de Cornélio e *Crônica da casa assassinada* (1959) de Lúcio – permite vislumbrar a construção literária de um determinado retrato de Brasil, fantasmático com suas fazendas de café arruinadas, e com fortes ressonâncias do cenário dos romances góticos ingleses que surgiram no século XVIII a partir de *O castelo de Otranto* (1764), de Horace Walpole. Nos textos de Cornélio Penna e Lúcio Cardoso, a casa-grande parece reeditar o castelo mal-assombrado, ao assomar como ruína alegórica de certa tradição patriarcal brasileira, de feição feudal, aristocrática e escravocrata, do mesmo modo que, no Gótico literário inglês, o castelo avultava como alegoria de uma tradição europeia medieval suplantada pela modernidade. Nesse sentido, o conceito de alegoria apresentado por Walter Benjamin em *Origem do drama barroco alemão* (1928), ligado à ruína, apresenta uma reverberação que transcende o século XVII e seguramente percorre o romance gótico e os romances de Cornélio e Lúcio, como veremos adiante.

Nossa literatura é marcada por um afã de brasilidade, que valoriza momentos como o Romantismo de Alencar e Gonçalves Dias e o Modernismo de Oswald de Andrade, Mário de Andrade e Graciliano Ramos. Os textos de tais lavras, de certa maneira, apontam para um imaginário "solar" do espaço brasileiro, que, de algum modo, acabou por se cristalizar em estereótipo de paisagem nacional, marcada pela aura do "tropical". Tal imagética, fortemente identificada com o Brasil, à primeira vista não daria lugar para as sombras e trevas góticas. Entretanto, a partir do constructo da casa-grande representada por Gilberto Freyre em *Casa-grande & senzala*, que se apresenta como um espaço arruinado e assombrado pelo passado (Barros, 2014), podemos perceber, principalmente nas narrativas de Cornélio Penna e Lúcio Cardoso, a presença de um "Gótico brasileiro", que apresenta vários elementos em comum com o Gótico norte-americano do sul dos Estados Unidos, o *Southern Gothic*, que tem em William Faulkner seu maior representante.

O Gótico literário estabelecido pelo romance de Walpole tem como um de seus traços mais distintivos o tema do passado que insiste em assombrar o presente. Tal aspecto pode ser percebido em um dos mais emblemáticos romances do gênero, *Drácula* (1897), de Bram Stoker, em que vemos a presença de um passado arcaico, feudal e perpassado de elementos sobrenaturais a assombrar uma modernidade industrial vitoriana, para o que também contribui o entrecruzamento das potências desagregadoras de Eros e Tânatos, encarnadas pelo personagem do vampiro.

No contexto do século XX, diz Hayden White (2014, p. 52) que o artista moderno desejava libertar-se da "tirania da consciência histórica"; para muitos artistas modernos, a história era "não só um fardo real imposto ao presente pelo passado na forma de instituições, ideias e valores obsoletos, mas também o modo de ver o mundo que confere a essas formas antiquadas sua autoridade especiosa". O que importava, para os artistas modernistas, era a velocidade do presente e a perspectiva de futuro, e a história era vista como um "pesadelo do qual o homem ocidental precisa despertar" (p. 43). Em um campo mais amplo, tal postura também pode ser observada no discurso que respalda tanto o mito do progresso quanto a euforia com a modernização.

A história concebida enquanto tradição, culto de um "passado morto" (White, 2014, p. 46), representada como fantasmagoria, parece estar no cerne da literatura gótica. Sabemos que o Modernismo brasileiro inicial, na voz de seus inauguradores Mário de Andrade e Oswald de Andrade, embora reivindicasse a recuperação do arcaico em suas configurações ameríndia e africana, refutava a história recente, concebida enquanto tradição castiça e bacharelesca, em prol do flerte com a urbanidade industrial. Nos anos 1930, no entanto, a história ressurge como tema central do nosso Modernismo, na dialética tradição/modernidade que apontamos acima, como atestam a poesia de Carlos Drummond de Andrade e o romance de José Lins do Rego, por exemplo. No contexto europeu, mesmo na obra do poeta da modernidade por excelência que foi Charles Baudelaire, Walter Benjamin (1989, p. 76) percebeu certa "perspectiva crepuscular do moderno", em que os triunfos da modernização vinham nublados de sombras arcaicas. A respeito dessa dualidade, afirma Giorgio Agamben (2009, p. 70):

> Os historiadores da literatura e da arte sabem que entre o arcaico e o moderno há um compromisso secreto, e não tanto porque as formas mais arcaicas parecem exercitar sobre o presente um fascínio particular quanto porque a chave do moderno está escondida no imemorial e no pré-histórico.

Talvez o traço mais distintivo do Gótico literário, já mencionado, seja o da persistência do passado no presente, em uma espécie de retorno do que havia sido recalcado pelo projeto modernizador. Nas palavras de Olgária Matos (1993, p. 28) sobre o pensamento de Walter Benjamin acerca do caráter sombrio do moderno, "a modernidade padece da morte da natureza e da história, isto é, da tradição", ao passo que a tradição compareceria enquanto "retorno do morto" (p. 28). Matos (1995, p. 72-73), ao citar, respectivamente, Benjamin e Karl Marx, continua a afirmar que "a modernidade carrega a antiguidade como um mau espírito que teria vindo importuná-la em seu sono", e "a tradição de todas as gerações mortas pesa como um mau espírito sobre o cérebro dos vivos" (p. 113). A literatura gótica, desde seu início, tem manifestado esta presença da tradição e da história como fantasma e assombração.

O Gótico, ao contrário do que afirma o lugar-comum, sempre teve um escopo transnacional. Bridget Marshall (2013, p. 3) enfatiza que o gênero é "extraordinariamente flexível" e que "tem se adaptado e florescido em uma variedade de países ao longo de alguns séculos". As narrativas de autores como Ann Radcliffe, Matthew Lewis, John Polidori e o próprio Walpole têm como cenário os países ensolarados do Mediterrâneo. Pensamos haver uma diferença entre o que seria o *Gótico no Brasil* e o que poderíamos chamar de *Gótico brasileiro*. Em nossa literatura, o Gótico vez por outra se fez presente, nos escritos de um Álvares de Azevedo e de um Cruz e Sousa, mas sem o pano de fundo nativista, que já havia ocorrido, contudo, em um poema como "A Orgia dos Duendes" (1865), de Bernardo Guimarães. Assim, para nós, o Gótico brasileiro teria como pressuposto a ocorrência de elementos do imaginário gótico em um cenário nativista, como acontece nos romances de Cornélio Penna e Lúcio Cardoso. Com efeito, para o crítico literário Antonio Candido (1989, p. 204), Cornélio e Lúcio "constroem universos fantasmais como quadro das tensões íntimas", mas em um cenário marcadamente brasileiro. Rui Mourão (1975, p. 200) também destaca o cenário ao mesmo tempo fantasmagórico e nacional nos romances de Lúcio e Cornélio:

> Tais autores se mostram como que entregues às suas emoções arcaicas, que de maneira muito curiosa são identificadas com a impressão de pesadelo produzida pelas velhas cidades em decadência. As raízes da personalidade se apresentam confundidas com as raízes de nossa formação social e o drama que se levanta é o de um passado inapelavelmente acorrentado em si mesmo e que insiste em sobreviver como uma afronta, como uma agressão ao presente. A força daquele mundo é a sua integridade, a sua orgulhosa e trágica legenda aristocrática.

Para corroborarmos tal entrecruzamento do Gótico com o cenário local nos dois romancistas aqui abordados, chamamos a atenção para uma entrevista concedida à revista *O Cruzeiro* em maio de 1953, em que Cornélio Penna (1958, p. XLI) assim considera o seu primeiro romance, de 1935: "sobre *Fronteira*, alguém disse que era um romance de Boris Karloff, e eu achei que tinha razão". Assinalamos também que Adonias Filho (1969, p. 60) destaca, na obra de Cornélio, uma "sensibilidade noturna", um "universo sombrio" (Filho, 1969, p. 63), e nesta "ficção noturna", "espaço de trevas mais densas" (Filho, 1969, p. 61), Adonias Filho (1969, p. 56) vê, conjugado a este "mundo sombrio", a presença da paisagem mineira, configurando, dessa forma, um verdadeiro *Gótico brasileiro*:

> Aproveita-se o nativismo como uma peça de suporte que, restrita ao cenário, permite a circulação da mensagem. Essa peça é durável pois que, em seu percurso, vai do primeiro ao último romance e típicas são as suas peculiaridades: a pequena cidade do interior mineiro, a família em sua conformação patriarcal, a escravidão. (Filho, 1969, p. 59)

Ponto de vista idêntico sobre *Fronteira* parece ter também Mário de Andrade (1958, p. 171), ao afirmar que "o romancista exagera um bocado na utilização do tenebroso, do mistério, do mal-estar", e Mário enxerga, nos personagens, a marca distintiva do Gótico: "são seres de uma vida interior prodigiosa, menos presos à sua cotidianidade afetiva que às forças permanentes das hereditariedades e passados" (Andrade, 1958, p. 172). Ao destacar que Cornélio Penna possui "uma força notável na criação do sombrio, do tenebroso, do angustioso", Mário de Andrade (1958, p. 174) também constata que "as suas evocações de ambientes antiquados, de pessoas estranhas ou anormais, de cidades mortas onde as famílias degeneram lentamente" configura "todo um passado vivo, que a seu modo e em seu mistério ainda manda em nós". E, além disso, embora não haja em Cornélio a presença do sobrenatural, Mário de Andrade (1958, p. 174) destaca a semelhança dos seus romances com os "romances de fantasmas". Tais observações de Mário parecem traçar uma ponte inequívoca entre o romance de Cornélio e a tradição gótica, em vários de seus aspectos.

Ainda a esse respeito, Luiz Costa Lima (1976, p. 56) assevera que "deveremos tomar Cornélio como o raro epígono de alguma corrente precedente – do romance gótico, talvez", e Luciana Picchio (1997, p. 539), em visada semelhante, sublinha ser o romance *A menina morta* (1954) "neogótico na atmosfera alucinada que envolve todo um mundo".

Em Lúcio Cardoso, também encontramos elementos que permitem considerá-lo como mais um representante do *Gótico brasileiro*. Afirma Alfredo Bosi (1999, p. 413) que "desde *Maleita*, Lúcio Cardoso revelava pendor para a criação de atmosferas de pesadelo". Outrossim, Luciana Picchio (1997, p. 540) é ainda mais assertiva a esse respeito ao destacar que, no romance *Crônica da casa assassinada* (1959), "é nítida a lição neogótica". Tal relação também é reconhecida por Adonias Filho (1969, p. 130), no que este ressalta que, na obra de Lúcio, "o alvo era sempre o terror, o *gothic novel* da tradição inglesa", observando que, ao mesmo tempo, "os elementos nativistas persistem" (p. 128).

Como sublinhamos acima a respeito de Cornélio, embora haja nele e em Lúcio Cardoso fortes traços do Gótico, não há a presença do sobrenatural, nem em termos de dúvida ou hesitação, o que faz com que o fantástico esteja ausente de suas obras. Sabe-se, contudo, que o fantástico não é um elemento indispensável à estética gótica, podendo nela estar presente ou não.

Assim, em se tratando do Gótico, a modalidade presente nos dois romancistas brasileiros parece ser a que Camille Paglia (1992, p. 252) denomina de "alto Gótico psicológico", que é "abstrato e cerimonioso", pois, segundo a crítica literária norte-americana, nesta modalidade do Gótico "o mal tornou-se *glamour*, *blasé*, hierárquico", e seu tema é "o poder ocidental erotizado, o fardo da história". Tal vetor do Gótico apresenta-se marcado pela estética do sublime, pois, no "alto Gótico", "não há bestialidade", diferentemente do vetor do Gótico marcado pela estética do grotesco, em que predomina o horror e a "carnificina", por Paglia (1992, p. 252) considerado como "antiestético e antiidealizante". No caso de Cornélio e Lúcio, o fardo da herança escravocrata e patriarcal, enquanto avatar arruinado da tradição brasileira, parece configurar tal posição.

David Punter e Glennis Byron (2004, p. 259) destacam que "se há algo como uma topografia geral do Gótico, então seu motivo central é o castelo", espaço labiríntico e arruinado habitado por espectros, e que ostenta uma "magnificência feudal, embora atormentada". No que propomos denominar por *Gótico brasileiro*, vemos tal topografia gótica localizada na casa-grande senhorial dos engenhos e fazendas do Brasil da colônia ao Império, arruinados no período republicano. O Gótico literário inglês pode seguramente ser lido como uma alegoria da tradição, em que surgem o retorno do recalcado e a sombra fantasmática da modernidade. No caso dos autores aqui focalizados, a resenha que Lúcio Cardoso escreve sobre o romance *A menina morta*, de Cornélio, parece permitir, de fato, que se possa entrever no constructo gótico do cenário arcaico brasileiro uma alegoria do próprio Brasil em sua obra literária.

O romance de Cornélio reconstitui minuciosamente o cenário de uma imponente fazenda de café do Vale do Paraíba fluminense por volta de 1852, com seus senhores e seus escravos, e apresenta um retrato de Brasil no apogeu e, ao mesmo tempo, canto de cisne de sua configuração patriarcal, aristocrática e feudal, sob o signo da aura e da ruína, além de tangido pelo misterioso e pelo demoníaco. A morte da "sinhá-pequena" do título parece alegorizar o fim dessa configuração arcaica de Brasil com o advento da modernização que se daria no século seguinte. Parece-nos bastante revelador o que diz Lúcio Cardoso na resenha que escreveu sobre o romance de Cornélio, publicada no periódico carioca *A Revista da Semana*, em 1955, da qual transcrevemos alguns trechos:

> O romancista, dono de um forte senso de realidade, transfigura uma época do Brasil perfeitamente clara, quase linear no seu esforço de visão, que sem favor, é o dom maior desse romance excepcional. Efetivamente com que gosto, com que apuro, com que silenciosa e recatada paixão vamos assistindo ao levantamento da vida nessa antiga fazenda de escravos – seus moradores, suas parentas pobres, seus agregados, seus trintanários, seus misteriosos senhores, enfim, todo esse

mundo esvaído e tocado de graça poética que já hoje se pode dizer que é domínio único do grande artista que o maneja.

....

Através de uma obra volumosa, vamos sentindo palpitar a música em surdina dessa esplêndida fabulação, que nos retrata, não um Brasil de ontem, como muitos poderiam pensar, mas um Brasil eterno nas suas raízes e na sua tragédia. Temos aqui um escritor avançando com segurança no mais vivo terreno nacional: e confesso que não encontro outro escritor moderno, entre nós, que assim nos devolva a carne e o espírito de uma pátria perdida, assolada por todos os lados por males estrangeiros e sem grandeza e que aqui, com uma pureza que é seu toque máximo, reencontra sua carnação e seu mistério, e desabrocha aos nossos olhos como uma rosa esquisita, ainda viva e cheia de prestígio. Saudemos pois, com efusão, esse livro que enriquece o Brasil e nos enriquece de uma vida profunda e perturbadora. (Cardoso, 1955, p. 41)

Para Lúcio, portanto, o Brasil que Cornélio retrata nas páginas de *A menina morta* é prenhe de ressonâncias míticas que consagram um determinado constructo de brasilidade. Do mesmo modo, em seu estudo sobre a ficção de Cornélio Penna, Luiz Costa Lima (1976, p. 130) permite que vislumbremos a filiação desse romance às narrativas góticas do romantismo inglês, ao constatar que "a leitura de *A Menina morta* nos dará a presença de enigmas, que, paradigmaticamente, nos remeterão às figuras do fantasma e do vampiro". Ademais, a Fazenda do Grotão, cenário da narrativa, tem por casa-grande uma espécie de "caixão sombrio" em meio à claridade da natureza em redor: "a casa não protege mas aterroriza" (p. 109), pois, nas palavras do próprio narrador, a casa-grande do romance é uma "habitação imensa, cheia de alcovas sombrias, cortada pelos corredores escuros e sonoros onde passavam fantasmas em pleno dia" (Penna, 1958, p. 913). Nela, preside o Comendador, representante da repressão patriarcal, ave de rapina que suga o trabalho escravo, para Costa Lima (1976, p. 178) literalmente caracterizado como um "vampiro", enquanto que a Senhora da fazenda, pertencendo à ordem do feminino interditado, refugia-se na altivez e na ausência de tudo a seu redor, verdadeiro "fantasma" (p. 132), presença ausente e ausência presente (p. 133), após sua inexplicável e misteriosa fuga para a fazenda da Condessa. O romance de Cornélio dedica atenção especial à minuciosa reconstituição do cenário de uma fazenda de café brasileira dos tempos do Império, e os detalhes conferidos à indumentária dos personagens parecem ecoar a observação de Charles Baudelaire (1995, p. 852) sobre o poder de reconstituição da história que têm os figurinos: "o passado, conservando o sabor do fantasma, recuperará a luz e o movimento da vida, e se tornará presente". Ao apresentar, em seu romance de 1954, os pormenores do cenário e das roupas do Brasil Império, Cornélio parece ratificar o elemento do *fantasma* presente em sua narrativa, conforme a cena transcrita abaixo, que descreve a presença da Senhora pelos corredores da casa-grande, com a pompa solene de suas pesadas saias obnubilada pelas trevas da escuridão, em efeito visual bastante cinematográfico em que sobressai todo o seu caráter de fantasmagoria:

> [...] E desapareceu, no leve ruflar de suas amplas saias de seda da Índia, a varrerem o soalho em ondulações rítmicas, sem que se pudessem pressentir os movimentos de seus pés. A escuridão a envolveu por instantes, mas depois surgiu no clarão da lâmpada da outra sala, e tornou-se a perder por entre as sombras do corredor. (Penna, 1958, p. 946)

Este "Brasil eterno nas suas raízes e sua tragédia", que Lúcio Cardoso identifica alegoricamente no romance de Cornélio Penna, evoca a presença, destarte, de vários traços do Gótico: é arcaico na sua hierarquização feudal, marcado pela melancolia e pelo aprisionamento hierático, inscreve-se em uma concepção de mundo patriarcal, além de ser sombrio, vampiresco, fúnebre e fantasmagórico. Tal constructo de Brasil mostra-se coberto de luto por se saber sentenciado à morte, já que o Império seria depois suplantado pela República, e parecer ecoar a frase dita pela personagem Carlota na derradeira página do romance: "Eu é que sou a verdadeira menina morta..." (Penna, 1958, p. 1296).

Essa alegoria de Brasil parece refletir os escritos de Gilberto Freyre, que muito influenciou configuração idêntica na obra de José Lins do Rego, mormente nas páginas que retratam a decadência da aristocracia nordestina latifundiária, pois o sociólogo pernambucano afirma: "a colonização do Brasil se processou aristocraticamente – mais do que a de qualquer outra parte da América" (Freyre, 1987, p. 190). Ao mesmo tempo, Freyre por vezes apresenta um Brasil perpassado de mistério, onde o fantástico e o terror comparecem, vide as *Assombrações do Recife Velho* e o trecho do prefácio de *Casa-grande & senzala* que trata das "almas penadas de senhores de engenho que aparecem pedindo padres-nossos e ave-marias", os "mal-assombrados das casas-grandes", que Freyre credita serem responsáveis por fenômenos tais como

> [...] barulhos de louça que se ouviam na sala de jantar; risos alegres e passos de dança na sala de visita; tilintar de espadas; ruge-ruge de sedas de mulher; luzes

que se acendiam e se apagavam de repente por toda a casa; gemidos; rumor de correntes se arrastando; choro de menino. (Freyre, 1987, p. LXXI)

De forma muito similar à de Cornélio, e na mesma voltagem apontada por Gilberto Freyre, o Brasil também comparecerá na obra de Lúcio Cardoso filiado a um goticismo de contornos fantasmagóricos e vampirescos. O romance *Crônica da casa assassinada* apresenta a ruína do que sobrara da antiga e opulenta fazenda senhorial do Sul de Minas Gerais, outrora feudo dos aristocráticos Meneses. Diz o narrador do capítulo intitulado "Terceira Narrativa do Médico" ser o prestígio e o fascínio poético da família Meneses junto à população local produto de "seu passado, exclusivamente seu passado, feito de senhores e sinhazinhas, (...) Meneses todos, que através das lendas, fugas e romances, de uniões e histórias amorosas, tinham criado a 'alma' da residência" (Cardoso, 1963, p. 214). O romance parece também ser uma espécie de alegoria do que Lúcio chama de "Brasil eterno nas suas raízes e na sua tragédia", pois assinala a derrocada da família no presente, quando deixam de lado sua monstruosidade gótica (a antepassada travesti livre no passado esplendoroso; o membro da família travesti enclausurado no presente arruinado) e pactuam com valores insípidos do etos burguês, que Lúcio julga serem da ordem dos "males estrangeiros sem grandeza".

Etimologicamente, alegorizar é "dizer o outro", "falar uma coisa para significar outra" (Mucci, 1994, p. 61-62). Mas, na tese de Walter Benjamin sobre o Barroco, a alegoria se prende à visão de um mundo decaído e privado de valores transcendentais, em que só restam destroços e ruínas:

> Quando, com o drama barroco, a história penetra no palco, ela o faz enquanto escrita. A palavra história está gravada, com os caracteres da transitoriedade, no rosto da natureza. A fisionomia alegórica da natureza-história, posta no palco pelo drama, só está verdadeiramente presente como ruína. Como ruína, a história se fundiu sensorialmente com o cenário. Sob essa forma, a história não constitui um processo de vida eterna, mas de inevitável declínio. Com isso, a alegoria reconhece estar além do belo. As alegorias são no reino dos pensamentos o que são as ruínas no reino das coisas. Daí o culto barroco das ruínas. (Benjamin, 1984, p. 199-200)

Benjamin (1984, p. 200) ressalta que, "em sua artificialidade, essas ruínas aparecem como o último legado de uma Antiguidade que no solo moderno só pode ser vista, de fato, como um pitoresco monte de escombros", e conclui: "o que jaz em ruínas, o fragmento significativo, o estilhaço: essa é a matéria mais nobre da criação barroca" (p. 200), pois "a obra de arte barroca quer unicamente durar, e prende-se com todas as forças ao eterno" (p. 202). Sobre o Barroco e a relação que este mantém com a tradição, que consideramos análoga à do Gótico, Alfredo Bosi (1999, p. 29) afirma que "há um nexo entre o Barroco hispânico-romano e toda uma realidade social e cultural que se inflecte sobre si mesma ante a agressão da modernidade burguesa, científica e leiga". A alegoria da tradição face ao moderno, em nossa opinião, da mesma forma como no Barroco, também se faz perceber fantasmaticamente no Gótico, com seus espaços mal-assombrados.

Tanto no Barroco quanto no Gótico predomina a franja fúnebre da melancolia, que, para Giorgio Agamben (2007, p. 45), traduz-se em uma "capacidade fantasmática de fazer aparecer como perdido um objeto inapreensível", pois "cobrindo o seu objeto com os enfeites fúnebres do luto, a melancolia lhes confere a fantasmagórica realidade do perdido". Agamben (2007, p. 46) continua, ao dizer que "assim como o fetiche é, ao mesmo tempo, o sinal de algo e sua ausência, e deve a tal contradição o próprio estatuto fantasmático, assim o objeto da intenção melancólica é, contemporaneamente, real e irreal, incorporado e perdido, afirmado e negado". Como elemento factual e histórico, a casa-grande do Brasil corneliano/cardosiano nos romances *A menina morta* e *Crônica da casa assassinada* tem um lastro no real, mas que, ambiguamente, convive com o irreal da literariedade gótica, que recobre seu constructo como fetiche e alegoria de um passado extinto, o qual Cornélio Penna retrata e ao qual Lúcio Cardoso alude nostálgica e melancolicamente. Paradoxal, a casa-grande do romance psicológico brasileiro de 30, ancorada no paradigma freyreano, avulta como um verdadeiro "lugar paratópico" (Maingueneau, 2006, p. 129), com seu alicerce ao mesmo tempo no real da história e no irreal da literatura.

Alegoria de um passado perdido, este constructo de casa-grande brasileira em *A menina morta* e *Crônica da casa assassinada*, comparece, no cenário modernizante do século XX, como um verdadeiro fantasma, consoante à afirmação de Giorgio Agamben (2007, p. 53):

> A perda imaginária que se apodera tão obsessivamente da intenção melancólica não tem objeto real algum, porque sua fúnebre estratégia está voltada para a impossível captação do fantasma. O objeto perdido não é nada mais que a aparência que o desejo cria para o próprio cortejo do fantasma...

Tal gesto pode ser entrevisto nas palavras do próprio Lúcio Cardoso publicadas em seu *Diário*, quando este foi levado às seguintes reflexões ao avistar uma casa-grande arruinada em Penedo, no interior fluminense:

> O mistério da fazenda de Penedo me obseda – que vida houve lá, que ecos de civilização sacudiram seus muros, que nomes de poder e de fartura viveram ali a sua legenda? A proprietária da casa onde me acho avisa-me que a fazenda é mal-assombrada. E não me resta dúvida: tão grande casarão, abandonado ao silêncio e à devastação, só pode constituir um pesadelo. [...] No entanto, não estaria aqui, como um aviso a ser decifrado, a história desse espírito que tantas vezes eu procurei encontrar, uma manifestação pessoal, autêntica, de nossa maneira de ser? À medida que o Brasil se afasta para o interior, sua alma se torna mais forte e mais positiva; foi em Minas Gerais, nos becos e vielas de suas cidades mortas, que vi se erguer mais alto e mais cheio de grandeza o espírito de nossa gente. [...] Não há dúvida, neste casarão brasileiro há um tom de grandeza indescritível; quem quer que tenha vivido aqui, encarna hoje essas raízes sem as quais é impossível criar um sedimento de povo ou de nação. (Cardoso, 1961, p. 186-187)

A alegoria e o fantasma, evidentes acima, nas palavras de Lúcio, constituem, assim, para nós, o paradigma corneliano/cardosiano do *Gótico brasileiro*, antropologicamente (e literariamente) fundado por Gilberto Freyre. Com efeito, como já mencionado, o Gótico migrou para além dos confins das ilhas britânicas. Conforme vimos anteriormente, nos Estados Unidos, escritores como William Faulkner (1897-1962) têm sido associados ao chamado *Southern Gothic*, ou Gótico sulista, no qual, também, assim como no Brasil, a casa-grande das *plantations* e o passado histórico da escravidão igualmente assombram, com seus fantasmas, o presente e a modernidade, que não conseguem escapar de suas aporias.

Surgem algumas questões quando consideramos a presença do Gótico no Brasil bem como no restante do novo mundo. Seria este apenas um processo de *transculturação*, ou seja, a incorporação de uma cultura estrangeira que acarretaria no abandono da cultura endógena (Edwards; Vasconcelos, 2016, p. 1)? Seria o caso de concordarmos com o conceito de *literatura transplantada* de Octavio Paz (1998, p. 73) ao considerarmos a presença do Gótico no Brasil, assim como, para Paz, a poesia barroca havia sido transplantada no México pelos espanhóis, e a literatura europeia fora transplantada no Brasil pelos portugueses? Para Antonio Candido (2004, p. 11), de fato, a literatura brasileira faz parte das literaturas ocidentais europeias, assim como a mexicana, a argentina e a norte-americana. Tal premissa, como o próprio Cândido sustenta, vai na contramão da visão nacionalista de nossa literatura. Contudo, como afirma Silviano Santiago (1978, p. 18), "a maior contribuição da América Latina para a cultura ocidental vem da destruição sistemática dos conceitos de unidade e pureza", uma vez que a cultura ocidental não tem como não interagir com as culturas africana e ameríndia no novo mundo. Nesse sentido, talvez seja oportuno retomar o conceito de *antropofagia cultural* proposto por Oswald de Andrade em 1928, segundo o qual a cultura brasileira seria o produto da absorção e processamento da cultura europeia, prática que, aliás, não seria exclusiva do Brasil, mas também da América Latina como um todo, pelo menos (Weiser, 2016, p. 9).

Assim, antes de ser mera importação ou modismo literário, o Gótico em nossa literatura pode estar no bojo de nossa vocação antropofágica brasileira, arriscamos dizer. Tanto nos casos do *Gótico no Brasil* – recriação de textos góticos passados na Europa, mas escritos por autores brasileiros, como *Noite na taverna* (1855) ou *O Conde Lopo* (1886), de um Álvares de Azevedo – quanto nos casos do *Gótico brasileiro*, em textos de lavra gótica que têm como cenário a paisagem local de nosso país, como o poema "A Orgia dos Duendes" (1865), de Bernardo Guimarães, parte da obra de Gilberto Freyre, e os aqui abordados romances de Cornélio Penna e Lúcio Cardoso, autores irmanados por parcerias textuais mais sólidas do que o mero pertencimento a uma modalidade romanesca.

REFERÊNCIAS

AGAMBEN, Giorgio. *Estâncias*: a palavra e o fantasma na cultura ocidental. Trad. Selvino José Assmann. Belo Horizonte: Editora UFMG, 2007.

AGAMBEN, Giorgio. *O que é o contemporâneo? e outros ensaios*. Trad. Vinícius Nicastro Honesko. Chapecó: Argos, 2009.

ANDRADE, Mário de. "Nota preliminar" [Romances de um Antiquário, 1940]. In: PENNA, Cornélio. *Romances completos*. Rio de Janeiro: José Aguilar, 1958.

BARROS, Fernando Monteiro de. *Aristocracia e monstruosidade: nostalgia da aura na* Crônica da casa assassinada *de Lúcio Cardoso*. Dissertação de Mestrado. Universidade Federal do Rio de Janeiro, 1994, 131 p.

BARROS, Fernando Monteiro de. Do castelo à casa-grande: o 'Gótico brasileiro' em Giberto Freyre. *Revista Soletras*. São Gonçalo, RJ, n. 27, jan.-jun. 2014.

BARROS, Fernando Monteiro de. "Vampiros na casa-grande: a brasilidade segundo Lúcio Cardoso". In: SANTOS, Francisco Venceslau (Org.). *Produção & pesquisa em Letras*. São Gonçalo, RJ: F. V. dos Santos, 1998.

BARROS, Fernando Monteiro de. *Vampiros na casa-grande:* clausura e poses do Gótico em Lúcio Cardoso. Tese de Doutorado. Universidade Federal do Rio de Janeiro, 2002, 168 p.

BAUDELAIRE, Charles. "O pintor da vida moderna". In: *Poesia e prosa*. Org. Ivo Barroso. Rio de Janeiro: Nova Aguilar, 1995.

BENJAMIN, Walter. *Charles Baudelaire*: um lírico no auge do capitalismo. Trad. José Carlos Martins Barbosa e Hemerson Alves Baptista. São Paulo: Brasiliense, 1989.

_____. *Origem do drama barroco alemão*. Tradução, apresentação e notas de Sérgio Paulo Rouanet. São Paulo: Brasiliense, 1984.

BOSI, Alfredo. *História concisa da literatura brasileira*. 36.ed. São Paulo: Cultrix, 1999.

CANDIDO, Antonio. *A educação pela noite & outros ensaios*. 2.ed. São Paulo: Ática, 1989.

_____. *Iniciação à Literatura Brasileira*. Rio de Janeiro: Ouro Sobre Azul, 2004.

CARDOSO, Lúcio. "A menina morta". In: *Revista da Semana*. Rio de Janeiro, 5-2-1955, p. 41.

_____. *Crônica da casa assassinada*. 2.ed. Rio de Janeiro: Letras e Artes, 1963.

_____. *Diário I*. Rio de Janeiro: Elos, [1961].

EDWARDS, Justin D.; VASCONCELOS, Sandra Guardini. Introduction: tropicalizing Gothic. In: *Tropical gothic in literature and culture: the Americas*. New York: Routledge, 2016.

FILHO, Adonias. *O romance brasileiro de 30*. Rio de Janeiro: Bloch, 1969.

FREYRE, Gilberto. *Casa-grande & senzala*. 25. ed. Rio de Janeiro: José Olympio, 1987.

LIMA, Luiz Costa. *A perversão do trapezista*: o romance em Cornélio Penna. Rio de Janeiro: Imago, 1976.

MAINGUENEAU, Dominique. *Discurso literário*. Trad. Adail Sobral. São Paulo: Contexto, 2006.

MARSHALL, Bridget M. "Defining Southern Gothic". In ELLIS, Jay. (editor). *Southern gothic literature* (Critical insights). Ipswich, Massachussetts: Salem Press; Amenia, NY: Grey House Publishing, 2013.

MATOS, Olgária C. F. *O iluminismo visionário*: Benjamin, leitor de Descartes e Kant. São Paulo: Brasiliense, 1993.

_____. *Os arcanos do inteiramente outro*: a Escola de Frankfurt, a melancolia e a revolução. 2.ed. São Paulo: Brasiliense, 1995.

MOURÃO, Rui. "A ficção modernista de Minas". In: ÁVILA, Affonso. *O modernismo*. São Paulo: Perspectiva, 1975.

MUCCI, Latuf Isaías. *Ruína & simulacro decadentista*: uma leitura de *Il piacere*, de D'Annunzio. Rio de Janeiro: Tempo Brasileiro, 1994.

PAGLIA, Camille. *Personas sexuais*: arte e decadência de Nefertite a Emily Dickinson. Trad. Marcos Santarrita. São Paulo: Companhia das Letras, 1992.

PAZ, Octavio. *Sóror Juana Inés de la Cruz*: as armadilhas da fé. Trad. Wladir Dupont. São Paulo: Mandarim, 1998.

PENNA, Cornélio. *Romances completos*. Rio de Janeiro: José Aguilar, 1958

PICCHIO, Luciana Stegagno. *História da literatura brasileira*. Trad. Pérola de Carvalho e Alice Kyoko. Rio de Janeiro: Nova Aguilar, 1997.

PUNTER, David & BYRON, Glennis. *The Gothic*. Oxford: Blackwell Publishing, 2004.

SANTIAGO, Silviano. "O entre-lugar do discurso latino-americano". In: *Uma literatura nos trópicos*. São Paulo: Perspectiva, 1978.

WEISER, Franz. "Reconsidering national identity through intermedial Latin American Studies: an interview with Richard Gordon". In: *Revista Soletras*. São Gonçalo, RJ, n. 32, jul./dez. 2016.

WHITE, Hayden. "O fardo da História". In: *Trópicos do discurso*: ensaios sobre a crítica da cultura. Trad. Alípio Correia de Franca Neto. São Paulo: EDUSP, 2014.

LÚCIO CARDOSO & MÁRIO DE ANDRADE – *CORRESPONDÊNCIA*

Leandro Garcia Rodrigues

> *Um conselho de amigo: nunca escreva cartas. Dê somente entrevistas. As cartas traem, são terrivelmente cartas.*
> (Lúcio Cardoso, *Diários*, p. 573)

A relação epistolar entre Mário de Andrade e Lúcio Cardoso foi pequena, somando ao todo quatro peças: uma carta enviada por Lúcio, duas cartas e um cartão de visitas enviados por Mário.

Embora reduzido, este epistolário dá boas pistas da amizade entre ambos, especialmente a análise crítica que Mário fez do romance *A luz no subsolo*, na carta de 20 de agosto de 1936, enviada a Lúcio. Com uma leitura marcada pelo estranhamento em relação ao estilo, à ideologia e às opções literárias do autor de *Salgueiro*, percebe-se um certo interesse de Mário, uma atração pela diferença que Lúcio Cardoso lhe apresenta no então panorama da produção literária brasileira da década de 30 do século passado, tão marcada que foi pelos mais diferentes regionalismos e romances de tese.

Diferente ou não em relação à literatura de então, Mário foi preciso numa afirmação que muito bem define a obra de Lúcio: "Deus voltou a se mover sobre a face das águas". De fato, escritores como Octávio de Faria, Cornélio Penna, Murilo Mendes, Jorge de Lima, Augusto Frederico Schmidt, Henriqueta Lisboa e o próprio Lúcio Cardoso trouxeram Deus e suas idiossincrasias e interrogações para a literatura que eles produziram, fato este que provocou (e ainda provoca) incompreensões e miopias críticas. Quero, neste capítulo, resgatar essa amizade entre ambos e analisar os seus efeitos e impactos, no sentido de enriquecer um pouco mais o discurso crítico em torno da obra de

Lúcio Cardoso, contribuindo um pouco mais na exegese do seu pensamento e da sua complexa escrita.

Para tanto, alguns detalhes metodológicos se fazem necessários, especialmente por se tratar de cartas e, com elas, dos problemas teóricos e críticos próprios do gênero epistolar. Como são poucas missivas, aumentei este diálogo com fragmentos do diário de Lúcio Cardoso que falavam e/ou citavam Mário de Andrade de alguma forma, propondo que o diário pode responder as cartas e vice-versa. Esta opção foi apenas no sentido de enriquecer a análise, resgatando como e quando Lúcio registrou – ao longo da vida – o nome e a influência de Mário. Todas essas citações foram retiradas do volume organizado por Ésio Macedo Ribeiro (Editora Civilização Brasileira, 2012), que congrega toda a escrita diarística de Lúcio Cardoso. Um problema desses fragmentos diarísticos diz respeito à não identificação, em alguns casos, de uma data clara e específica para cada passagem, especialmente em relação ao dia do registro. Assim, soluções do tipo "dezembro de 1959" foram utilizadas no sentido de aproximar o máximo possível do momento da escrita de Lúcio. Outro detalhe é a minha opção de grafar em itálico estes mesmos fragmentos, apenas como estratégia para diferenciá-los dos textos das cartas.

Do ponto de vista ortográfico, em relação às cartas de Mário de Andrade, são conhecidas as formas "si", "siquer", "amilhoramento" etc. com as quais o autor de Macunaíma expressava o seu nacionalismo linguístico, tudo no sentido de criar a sua "língua brasileira", como ele tão bem debateu na sua correspondência pessoal com Manuel Bandeira.[1] Para este trabalho, optei por atualizar tais estruturas (poucas) à forma ortográfica vigente, pois não vejo perda/prejuízo de sentido hermenêutico em tal procedimento de transcrição. Quanto à ortografia de Lúcio Cardoso, pelo menos nestas cartas, não houve qualquer particularidade que se possa ressaltar.

Mantive todos os trechos sublinhados pelos missivistas no texto original. Tal decisão se deu pelo fato de que este procedimento foi usado para ressaltar ideias importantes, possibilidades de reflexão e/ou consideração. Bem como permaneceram as formas "pra" e "pro", pois as mesmas indicam a velocidade de linguagem e de pensamento refletida na escrita de ambos.

No que concerne à identificação das missivas, optei pela sigla MA (Mário de Andrade) e LC (Lúcio Cardoso) para identificar adequadamente cada uma das peças trocadas nessa rápida correspondência. No rodapé, elaborei algumas

---

1 Cf. o volume desta correspondência organizado por Marcos Antônio Moraes, publicado pela EDUSP, em 2000.

notas descritivas em relação aos originais: estado do papel, dimensões, condições físicas etc., tudo no sentido de dar ao leitor possibilidade de visualizar o texto-fonte.

Com a explicação dessas opções metodológicas, espero que o leitor possa compreender melhor o conteúdo desses importantes textos, tão necessários para se compor o quebra-cabeça biográfico de cada um desses correspondentes, bem como para aumentar o entendimento acerca da literatura modernista brasileira.

De cartas e diários

> *Releio alguns ensaios de Mário de Andrade, procurando rememorar as duas ou três vezes em que o vi. Tenho presente na memória uma máscara contraída, desconfiada sob linhas sem muita amenidade. Quando o encontrei pela primeira vez, menino ainda, falou-me todo o tempo em Augusto Frederico Schmidt, de quem então ele me considerava um admirador e um discípulo. Admirador, sim – e sabia até alguns poemas de cor. Discípulo, não sei... Tenho sido tão mal discípulo de tanta gente grande!*
>
> *Outra vez, no consultório de Jorge de Lima, encontrei Mário de Andrade em palestra com o poeta Deolindo Tavares.*[2] *Falamos em Cézanne e Van Gogh – eu, com aquela incontinência de quem está começando a descobrir as coisas, o autor de Belazarte provavelmente com um acerto de quem não me recordo mais... Hoje, que rememoro isto, não estão vivos nem Mário de Andrade, nem Deolindo Tavares. No entanto, as figuras permanecem nítidas, e eu os revejo agora, bloqueados num mútuo desconhecimento – a selvageria, a sensibilidade em carne viva de Deolindo Tavares! – enquanto eu também, um pouco desnorteado, esforçava-me para brilhar numa conversa que não interessava a ninguém.* (*Diários*, dezembro de 1950, p. 317)

2 Deolindo Tavares (1918 – 1942). Poeta e escritor natural de Recife (PE), morou um certo tempo na antiga capital federal, aproximando-se dos artistas nordestinos que viviam no Rio de Janeiro. Publicou postumamente o livro *Poesias*, pela editora Irmãos Pongetti, em 1955.

LC - MA

[Carta][3]

Rio, 21/6/35

Mário de Andrade:

Há bastante tempo já, recebi o seu "Belazarte",[4] o que me obriga agora a lhe pedir desculpas por não ter agradecido há mais tempo a sua lembrança. Entretanto, estive doente e passei alguns meses fora. Só agora, por intermédio de José Lins do Rego,[5] consegui o seu endereço, pois tenho visto

3 Carta assinada "Lúcio Cardoso"; forma de tratamento: "Mário de Andrade"; datiloscrito original, fita preta; filigrana; 1 folha; 27,7 X 21,4 cm; 2 furos na lateral esquerda; papel branco timbrado: "METRÓPOLE / Companhia Nacional de Seguros Gerais / Edifício Rex – 8º. Andar. – Rua Álvaro Alvim, 33 / Rio de Janeiro". Estado de conservação: muito bom. A folha na qual Lúcio Cardoso escreveu esta carta a Mário de Andrade possui uma grande legenda no seu timbre; embora longa, vale à pena registrá-la integralmente, até mesmo pelos nomes citados, o que pode favorecer elementos críticos e biográficos: "Presidente / Dr. F. Solano Carneiro da Cunha / Diretores / Dr. Afrânio de Mello Franco / Dr. Justo Mendes de Moraes / Dr. João Daudt de Oliveira / Conselho Fiscal / Dr. F. Mendes Pimentel / Dr. Virgílio de Mello Franco / Dr. Edmundo da Luz Pinto / Suplentes / Dr. Alceu de Amoroso Lima / Dr. Heráclito Sobral Pinto / Dr. Francisco de Sá Lessa".

4 *Contos de Belazarte* foi publicado pela editora Piratininga, em 1934.

5 José Lins do Rego (1901-1957) foi um dos mais importantes escritores da segunda fase do nosso modernismo, conhecida pela produção regionalista, especialmente do nordeste brasileiro. Nascido em uma família de antigas tradições, porém em graves crises financeiras, representou essa decadência em boa parte da sua obra, principalmente *Fogo morto*. Obteve um grande sucesso de público, o que enfurecia outros escritores mais intimistas, como Octávio de Faria, Cornélio Penna e o próprio Lúcio Cardoso. Escrevendo a Lúcio Cardoso a respeito do romance *A Luz no subsolo*, assim afirmou Octávio de Faria, em carta de 18/04/1936: "Para ser absolutamente franco para com você, o que vem acontecendo comigo em relação à 'Luz' é isso. Minha vontade, meu impulso natural é sair gritando: rua, canalha! (Zé Lins e Zé Linsinhos) rua, que o que interessa está aqui. Pode não ser ainda o definitivo, mas é isso – os defeitos não importam. [...] Por sinal: o trecho publicado em 'Letras' impressiona muito, mesmo lido assim sozinho. Grande qualidade. Nossos amigos Zé Lins e Jorge Amado já não devem estar dormindo direito." (FCRB / Arquivo Museu de Literatura Brasileira / Arquivo Lúcio Cardoso / Dossiê Octávio de Faria – carta inédita). José Lins do Rego publicou muitos títulos, dos quais destaco *Menino de Engenho* (Editora Andersen, 1932), *Banguê* (José Olympio, 1934), *Usina* (José Olympio, 1936) e *Fogo Morto* (José Olympio, 1943).

muito pouco o Rosário Fusco.[6] Posso lhe garantir, que apesar de tudo, o preto Ellis há muito ocupa um lugar de destaque no meu coração[7].

Vai aí junto, o "Salgueiro",[8] sobre que conversamos naquela noite.

Um abraço do

Lúcio Cardoso

MA – LC

[Cartão de visita][9]

Ao Lúcio Cardoso, estes dois ensaios em gratidão pelo seu admirável *Salgueiro*. Gostei muitíssimo. Com um abraço do

Mário de Andrade

Ainda Guimarães Rosa: como Mário de Andrade gostaria de encontrar este livro. Macunaíma, *com todos os exageros dos precursores, é um São João Batista do* Corpo de baile. (*Diários*, 4/9/1956, p. 573)

---

6 Rosário Fusco (1910-1977) foi romancista, poeta, dramaturgo, jornalista e crítico literário. Autor de grande talento, já muito jovem iniciou na vida literária, participando ativamente da criação do manifesto e da revista *Verde*, de Cataguases (MG), em 1927. Mudou-se para o Rio de Janeiro em 1932, onde se formou em Direito e também iniciou uma intensa atividade na imprensa como crítico literário e jornalista. Em 1940, publicou o romance *O Agressor*, sua obra de maior repercussão, considerado pela crítica um excelente exemplo de romance surrealista. Publicou *Fruta de conde* (Ribeiro Garcia, 1929), *Política e Letras* (José Olympio, 1940), *Vida Literária* (SEP, 1940), *O agressor* (José Olympio, 1943), *Introdução à experiência estética* (MEC, 1952), dentre outros. Sabe-se que Mário de Andrade e Lúcio Cardoso se conheceram na residência de Rosário Fusco, no Rio de Janeiro, em data e evento desconhecidos.

7 A pesquisa não encontrou qualquer referência e/ou explicação para esta afirmação.

8 *Salgueiro* foi publicado pela Livraria José Olympio Editora, em 1935.

9 Cartão de visitas manuscrito, 6 cm X 10 cm, papel cartão branco, sem data. Timbre: "MÁRIO DE ANDRADE". Estado de conservação bom, com uma dobradura no canto superior direito, amarelado pela ação do tempo. Assinatura: "Mário de Andrade".

MA - LC

[Carta][10]

São Paulo, 20 de Agosto de 1936.

Lúcio Cardoso.

Muito obrigado pelo envio da *Luz no Subsolo.*[11] Que romance estranho e assombrado você escreveu! Já tinha começado a ler ele quando recebi o presente, e agora ajunto este à minha vaidosa coleção de "exemplar dedicado e não cortado" que guardo junto ao exemplar cortado, lido e anotado. Quase sempre anotado. Este seu não anotei. Me deu um bruto de soco no estômago, fiquei sem ar, li, lia, o caso me prendia, os personagens não me interessavam, às vezes as análises me fatigavam muito, às vezes me iluminavam, não sabia em que mundo estava, inteiramente despaisado. Falar que gostei do seu livro, não seria propriamente uma insinceridade. Seria muito mais vaidade de escritor já da segunda linha e que quer bancar o conhecedor *up to date.* Achei seu livro absurdo porque os personagens *me pareceram* absurdos. Tanto no Brasil como em qualquer parte do mundo. E não me pareceram, não cheguei a senti-los como personagens do outro mundo. Loucos? Aberrados de qualquer realidade já percebida por mim? Ou antes criaturas exclusivamente criadas pelo autor pra demonstrar a sua percepção sutil e pra mim um bocado confusa (não compreendi exatamente) da luz no subsolo? Tive mais a sensação que se tratava deste último caso.

E no entanto, não gostando do todo, não me interessando os personagens, não vivendo muitas das análises, não percebendo muitas das reticências, gritos, medos, gestos: apesar de tudo, fui até o fim, preso, lendo horas seguidas. É verdade que esta prisão ao livro derivava em parte duma curiosidade falsa: esse desejo que dá às vezes, romanticamente, de saber o que vai acontecer pros personagens. Mas nesse caso é que os personagens viveram dentro de mim!...

---

10 Carta assinada "Mário de Andrade"; datiloscrita em tinta preta, 21 cm X 26 cm, papel ofício verde, 1 folha. Forma de tratamento: "Lúcio Cardoso". Estado de conservação: bom, com pequenas manchas amareladas na lateral direita, um pequeno rasgo no canto inferior esquerdo. Assinatura: "Mário de Andrade", manuscrita.
11 *A luz no subsolo* foi publicado em 1936, pela editora José Olympio.

Seu livro é um forte livro. Artisticamente me pareceu ruim. Socialmente me pareceu detestável. Mas compreendi perfeitamente a sua finalidade (no livro) de repor o espiritual dentro da materialística literatura de romance que estamos fazendo agora no Brasil. Deus voltou a se mover sobre a face das águas.[12] Enfim. É possível que você tenha agido um pouco nazistamente, ou comunistamente demais. Quero dizer: viu por demais a tese, teve o desejo de agir de certo modo e abandonou por essa norma de ação e intenção, arte e realidade.

Também senti o esforço pessoal de não marcar passo, transformar-se, completar-se. Também aplaudo isso violentamente.

E assim fiquei. Você perceberá pela sinceridade desta carta que seu livro me fez percorrer escalas de vaidade pessoal, de esforço de compreensão, de desejo de gostar, de prazeres reais e de impossibilidades pessoais de acertar. Mas me prendeu. Livro ruim, livro bom: sou incapaz de decidir. Mas que é a abertura de uma coisa nova pra nós, uma advertência forte, é incontestável. E você, cristalizado nesse caminho que abriu, quando as suas intenções forem menos ostensivas e o seu amor dos homens e da vida voltar, dominando a intenção, você não sei, não sou profeta, acho besta profetizar, parece que estou consolando você dum livro errado! Quando não tenho elementos meus pra garantir que você errou!...

Um grande abraço do

Mário de Andrade

---

12 A relação de Mário de Andrade com a religião, particularmente o catolicismo, foi pacífica na infância e juventude, porém tensa e amargurada na fase adulta, principalmente no fim da vida. Em 5 de março de 1939, Mário iniciava a sua atividade de colunista do jornal carioca *Diário de Notícias*, substituindo Rosário Fusco. Sua primeira colaboração foi o texto "Começo de Crítica", no qual ele fornece uma forma toda pessoal de crer em Deus: "O que sou?... Creio em Deus, tenho essa felicidade. E jamais precisei de provas filosóficas para crer. Deus é uma espécie de constância do meu ser (não se dará o mesmo com todos?), eu O sinto na ponta do meu nariz. Mas se trata de uma entidade verdadeiramente sobre-humana, que a minha inteligência não consegue alcançar, de uma grave superioridade silenciosa. Isso, aliás, se percebe muito facilmente no severo agnosticismo em que descansa toda a minha confraternização com a vida. Deus jamais não me prejudicou a minha compreensão dos homens e das artes" (Andrade, 1993, p. 13). Para um maior aprofundamento dos dramas pessoais de Mário com a religião, cf. Rodrigues (2018).

Creio que foi nessa mesma tarde que ele me convidou para ir à casa de um mineiro, sujeito simpático e inteligente. Fui. Fiquei conhecendo Rosário Fusco, que desde então se tornou meu amigo. Mas o conhecimento que aí fiz e que mais me impressionou foi o de Mário de Andrade. Parecia dedicar a Fusco um paternal afeto. (*Diários*, 4/12/1956, p. 669)

MA – LC

[Carta][13]

São Paulo, 18 de Maio de 1937.

Ilmo. Sr.

Lúcio Cardoso

IPANEMA – RIO DE JANEIRO.

No intuito de facilitar os trabalhos do Congresso de Língua Nacional Cantada,[14] que o Departamento de Cultura realizará na semana de 7 a 14 de julho deste ano, esta Diretoria vem solicitar de V. S. a especial fineza de providenciar para que estejam neste Gabinete, as teses e comunicações de sua colaboração, quinze dias, ou no mínimo 7 dias antes da realização do Congresso. Pede-lhe também a gentileza de avisar às pessoas que por seu intermédio se prestaram a colaborar em tão útil empreendimento. As teses necessitam estar nesta Diretoria com a antecedência pedida para serem devidamente mimeografadas e distribuídas aos Srs. congressistas.

---

13 Carta datiloscrita em tinta preta, 21 cm X 30 cm, papel ofício amarelo, 1 folha. Timbre: "Prefeitura do Município de S. Paulo / DEPARTAMENTO MUNICIPAL DE CULTURA". No canto superior esquerdo, há o brasão municipal de São Paulo. Estado de conservação: regular, com pequenas manchas amareladas no centro da folha, diversas rasgaduras no centro superior e no canto superior direito e também na lateral direita, ao meio da folha. Assinatura: "Mário de Andrade", manuscrita em tinta preta.

14 O Congresso de Língua Nacional Cantada aconteceu entre os dias 7 e 14 de julho daquele ano, no Teatro Municipal de São Paulo, por iniciativa da gestão de Mário de Andrade à frente do Departamento Municipal de Cultura de São Paulo. Foi uma iniciativa realmente inédita, contando com a presença de especialistas em língua, literatura, música, composição musical etc. Dentre os vários participantes, destacam-se as presenças de Heitor Villa-Lobos, Antenor Nascentes, Manuel Bandeira, Oneyda Alvarenga e Camargo Guarnieri. No ano seguinte, o mesmo Departamento publicou os *Anais* do evento, que traz um precioso conteúdo científico em torno dos debates e das apresentações. Não consta a participação de Lúcio Cardoso neste evento.

Na expectativa de ser atendida em seu apelo, agradecendo, esta Diretoria aproveita o ensejo para apresentar a V.S. as suas

Cordiais saudações

Mário de Andrade
Diretor.

REFERÊNCIAS

ARQUIVO MÁRIO DE ANDRADE. Instituto de Estudos Brasileiros da Universidade de São Paulo.

BIBLIOTECA MÁRIO DE ANDRADE. Instituto de Estudos Brasileiros da Universidade de São Paulo.

CARDOSO, Lúcio. *Diários* – organização de Ésio Macedo Ribeiro. Rio de Janeiro: Civilização Brasileira, 2012.

MORAES, Marcos Antônio (org.). *Correspondência Mário de Andrade & Manuel Bandeira*. São Paulo: EDUSP, 2018.

RODRIGUES, Leandro Garcia (org.). *Correspondência Mário de Andrade & Alceu Amoroso Lima*. São Paulo/Rio de Janeiro: EDUSP/PUC-Rio, 2018.

LÚCIO CARDOSO LEITOR

Ruth Silviano Brandão

Todo escritor é, antes de tudo, um leitor, pelo menos os escritores que atravessam a tradição literária, que têm suas afinidades, que passeiam pelo texto alheio criando o seu, um novo que se cria às vezes por uma citação modificada, por uma leitura que o marca como escritor-leitor, de forma singular, no singular de sua obra e cada obra que tem uma assinatura, pois o leitor nasce de suas leituras, sua biblioteca e sua escrita.

Durante o tempo que venho lendo Lúcio Cardoso, também minhas leituras se enriqueceram com textos alheios que falam dele, com a paixão dos que o leem e releem, pesquisando, abrindo novas vertentes de sua obra. Em 2012, nas comemorações de seu centenário, descobri, através de outros pesquisadores, textos inéditos do escritor, novas poesias, pinturas que nem todos conhecem, os contos inéditos que Valéria Lamego (Cardoso, 2012) organizou e os *Diários* de que Ésio Macedo Ribeiro (Cardoso, 2012) fez uma primorosa edição anotada.

Lembrei-me de uma lista de livros que ele citou em seu *Diário completo*, na edição de 1970. Procurei as folhas de papel onde anotei os autores citados pelo escritor, não as encontrei. Guardei-as por tantos anos e onde elas foram parar? Essas coisas acontecem comigo e com muitos leitores: livros que somem, xerox impossíveis de achar, no meio da papelada a que nosso trabalho de professores nos obriga, colocando-nos numa biblioteca de Babel.

Voltou-me à memória a coincidência de que eu também já lera os mesmos livros e pensei em como os escritores acabam por se revelarem em nossas afinidades eletivas e afetivas e como transmitimos nossos escritores preferidos a nossos alunos e leitores. Talvez não ensinemos grande coisa, mas transmitimos algo. No caso de Lúcio Cardoso, transmitimos nossa paixão por ele, esse escritor também apaixonado pela leitura e pela escrita.

Eis os nomes que anotei há muitos anos atrás e reencontrados recentemente: Julien Green, Bernanos, Rilke, Faulkner, Byron, Hemingway, Caldwell, Gide, Francis James, Proust, Adonias Filho, Kafka, Claudel, Genet, Bergson, Charles Du Bos, Nietzsche, Péguy, Léon Bloy, Emily Brontë, Armando Fontes, Fernando Pessoa, Shakespeare, François Mauriac, Octávio de Faria, Machado de Assis, Joyce, Virginia Woolf, Graham Greene, Camões, Dostoievski, Poe, Clarice Lispector, Sartre, Camus, Fulton Sheen, Lima Barreto, Graça Aranha, Castro Alves, Aluísio Azevedo, Jorge Amado, Nelson Rodrigues, Rosário Fusco, Ledo Ivo, Cassiano Ricardo, Dickens, Pascal, Bossuet, Euclides da Cunha, Tristão de Athayde, Mallarmé, T. S. Eliot, Pound, Cornélio Penna, Pushkine, Henry James, Joaquim Nabuco, Hoffmann, Gogol, Melville, Goethe, Maurice Heine, Sade, Sinclair Lewis, Thomas Hardy, Dos Passos, S. Fitzgerald, Charles Morgan, Hawthorne, Mário de Andrade, Jorge de Lima, Baudelaire, Valéry, Flaubert, Otto Lara Resende. Em seus escritos, Lúcio dialoga com a maioria destes e, como grande leitor que foi, abriu-se a questões filosóficas que sempre o atormentaram pela vida afora, questões que reaparecem em seus contos, romances e poemas.

Na ocasião de seu centenário, tendo recebido os originais de seus *Diários*, na edição citada, comentada por Ésio Macedo Ribeiro, abri as páginas do *Diário O*, que vai do ano de 1942 ao ano de 1944 e verifiquei que a primeira obra citada é *Os irmãos Karamazov*, de Dostoievski. Imediatamente, o leitor dos *Diários* percebe que Lúcio espelha-se no que lê, discute, inflama-se, identifica-se com o escritor russo e seu personagem Zózimo:

> Dostoievski não devia crer em Deus. Também eu penso que não creio mais. "Creio, mas ignoro em quê" (Zózimo, ou seja, Dostoievski), Perder a fé no sentido mais avançado da expressão é coisa que me parece impossível. O nosso ser está intimamente ligado à crença de alguma coisa. Quando não existe fé no absoluto, ou em qualquer coisa que seja, não se tem sensação de ser, de existir. Creio, logo sou. (*D:1*)[1]

No meio de uma avalanche de perguntas que o torturam, nosso escritor, num vai e vem de palavras e ideias, luta entre razão e fé, "A razão plena consciente de si mesma é... louca", diz ele (*D*: 50). Assim, ele se perde em paradoxos e labirintos, endereçando perguntas a seus escritores prediletos, como Pascal e Nietzsche, e aos livros do *Antigo Testamento*. Não cessa de tentar entender

1 Quando me referir ao *Diários*, edição organizada por Ésio Macedo Ribeiro, usarei, entre parênteses, a sigla *D*, seguida do número da página da citação ou referência.

as leis, revira as verdades, revira-se procurando a verdade do sofrimento humano, cujos enigmas dariam apoio a ele próprio.

O que chama de apoio seria a contrapartida ao desamparo humano que busca resolver, com a fé e a ciência, num diálogo às vezes irreverente, às vezes desesperado, como é o de quem luta com sua fé e seu ceticismo, agarrando-se sempre à primeira. Seu pensamento se constrói por fragmentos, por aforismos às vezes contraditórios ou paradoxais. O escritor estava consciente de certa desordem, apesar de dizer-se filósofo: "Quem me lê deve ter uma sensação de ida e volta, de confusão, de barafunda. Não tenho estética em clareza cartesiana, nem mesmo clareza pascalina. Gosto porém de não possuir um estilo 'mais bem acabado'" (*D*:45).

Os personagens de Lúcio não precisam ir aos livros para viver, já têm vidas tão cheias de paixão ou, ao contrário, de um vazio tão perturbador, que ficam mesmo a ler suas próprias vidas ou a ler o mundo. Lúcio, ao que me lembre, não produz efeitos novos a partir do que lê, antes, dialoga, numa posição *vis a vis* com o que lê. Diria mesmo uma posição imaginária, como se estivesse diante dos seus escritores prediletos e seus personagens. Não recorre a teorias, não elabora mediações entre o que lê sua leitura, mas vai direto às impressões que lhe causam.

O gesto de ler é intrinsecamente articulado ao de escrever, mas o ritmo da leitura é desigual para cada um de nós leitores. Roland Barthes, em seu *O prazer do texto* (1977, p. 19), já falava no mergulho do leitor no texto, como um mergulho na água, levantando e abaixando a cabeça. Entre um gesto e outro, o imaginário do leitor invade o livro.

Lembro-me de um retrato de Lúcio, absorto e assim o imagino a ler, com pausas para a reflexão, como se remoesse as frases lidas e se preparasse para discutir com o personagem ou para elaborar longos monólogos sobre o que leu. Com quem conversa ele? Conosco? Certamente não, pois somos leitores virtuais, desconhecidos do escritor, somos uma função.

A distância entre ele e o que lê é pequena. Os fatos, impressões ou interpretações têm intensidade afetiva e psíquica enorme. Lúcio era católico, vindo de uma família tradicionalmente católica, entretanto, nos anos 40 e 50, a Igreja sofreu várias transformações, e os católicos não tinham mais uma atitude passiva diante de seus dogmas e de suas leis.

Autores como Bernanos, Péguy, Bloy, François Mauriac são atravessados por questões de fé e da política da Igreja, que, por sua vez, já está perdendo poder sobre a consciência de seus fiéis. Os escritores franceses são intelectuais contestadores, que colaboraram para mudanças na doutrina e na atitude dos padres. Outro escritor, o russo Dostoievski, traz em sua obra questões que beiram os limites da condição humana, como as questões que Lúcio vivencia, com desespero e paixão, diante dos ditames de uma Igreja que não aceita a condição homossexual, por exemplo.

Transcrevo inteiramente o poema a que me referi no início, não só por sua força íntima de testemunho, muito mais que um texto que privilegia uma estética, como pelo fato de ser ele inédito:

Os dias perdidos[2]

Mãe, estou de volta agora.
Quis fugir de ti, é verdade,
ser forte, iludir a minha fraqueza.
Mas voltei... e que triste volta!
Atrás de mim se desenrolam como vagas
as noites de vigília – as longas noites
passadas no silêncio e no espanto.
Volta os teus olhos para mim,
vê como tremem as minhas mãos.
Deixa que a obscuridade me envolva,
quero adormecer no abandono desta hora.
Serei como a flor que sobre o pântano
eleva a sua eterna solidão –
ah! Quem não conhece as lágrimas
que amanhecem silenciosas como o orvalho?
Dá-me de novo o embalo do passado
na voz de minha infância morta.
Dá-me força para chorar com aqueles
que a falsidade do tempo aprisiona –
porque é preciso lançar um olhar de piedade

2 CARDOSO, Lúcio, s.d. Este poema é ainda inédito e pude conhecê-lo no exame da dissertação de mestrado, pela USP, de Ésio Macedo Ribeiro: *O riso escuro ou o pavão de luto:* um percurso pela poesia de Lúcio Cardoso. O poema pertence ao acervo de Cardoso na Fundação Casa Rui Barbosa, pasta LC, 128 p.

para os que desde a madrugada
conhecem da velhice o peso prematuro.

Não me reconheço, sinto-me ausente.
Alguma coisa me fascina para a morte.
Ampara-me – tu que durante anos
foste a força rondando o meu repouso.
O dia se levanta.
Quero esquecer que no espaço trêmulo
as formas resvalam num contínuo desmaio.
Na sombra se alonga o meu único caminho.
É a névoa que perturba a luz dos olhos,
mas que nome dar a esta misteriosa força
que me obriga a repetir obstinadamente:
aparte! E como é terrível existir
contemplando em silêncio a eterna despedida,
as faces que desaparecem no horizonte imóvel.
Porque Deus gravou na minha carne
O sinal que não perdoa – e onde quer que eu vá
é sempre o seu olhar que me acompanha
como um grande sol acusador.
Porque, porque este horror de permanecer
de olhos abertos, quando até as flores dormem
à sombra das copas azuladas?
No silêncio palpita o eco das palavras
Que não disse – sou pequeno, mãe,
sou pequeno para o mundo.
Abre os braços ao teu filho abandonado
e recebe o sonho que tive como herança.

É o medo de cair que me acompanha,
é o medo de rolar quando já não é possível,
sufocar o amargo desprezo de mim mesmo.
Tenho medo de ser fraco. É porque sei
que só é grande a carne castigada.
Da distância sobe esta seiva impetuosa,
o grande rio, obscuro como o sangue.

Quem de nós nunca sentiu
que na vasta solidão silenciosa
um outro misterioso nos habita?
Algumas vezes – como um sopro –
o seu hálito que passa...

É nessa hora que ressurge o meu passado
Onde sopra o vento dos dias fugitivos?
Como as águas que descem da montanha,
não poderei voltar onde passei.
Sufoca-me a lembrança
dos caminhos não trilhados. Ó eterna paisagem!
Ao longo da estrada que a noite obscurece
irei descendo – o vento das praias
lançar-me-á ao rosto a sua amarga saliva.
Onde ouvir a voz que exprime a vida,
estrelas, frutos, paisagens – alma secreta
da infância para sempre estiolada?
Só a noite. A noite contínua e imóvel.
E a certeza de que os dias dos mortos nunca mais virão.
Então, à luz do astro que brilha no infinito,
erguerei os braços – ó angústia, ó tormentos
de se perder entre tantos fragmentos
de sonhos devorados...

Na solidão os rumores se transformam,
são vozes que o tempo aniquilou.
Menino, já no seu peito a música nascia:
sons, estranhos sons descendo a noite azul,
rios, águas como brancas cabeleiras
sacudidas no espaço hostil das cachoeiras...
Portas abertas para a distância,
nuvens em ondas sobre altos rochedos
além – onde a estrela fulgura como a lágrima
no olhar infantil das manhãs.
E devagar a harmonia que se desenlaça
e às palavras envolvem.

Agora, suave como a tarde,
a renúncia se alonga de meus versos.
Tenho medo de mim, a insônia
arde em noites largas da minha vida.
Vigílias sem conta vão passando
e ai de mim – sinto os homens dormindo
e minha voz como um alfange
decepando apenas o silêncio que avoluma.

Mãe, tu me chamavas príncipe,
sorrindo nos teus olhos a esperança.
Tu me chamavas docemente,
eu fugia para as aves do céu.
Cansado das tristes caminhadas,
eis-me diante de ti, envergonhado.
Contempla o vulto vil que chega,
contempla o príncipe que regressa,
as vestes rotas, o rosto exausto,
a garra das insônias no olhar.
Quando em mim nascia a voz da dúvida,
pensava em ti, sorria. E sorria de pavor.
Carne tua, olha agora o que retorna,
cansado de gritar e sofrer.
Não mais voos de aves pelo céu,
não mais ondas do mar se debatendo,
não mais inspiração sempre criando,
não mais poesia inútil em meus lábios...
Contempla agora o que precisa de silêncio,
chora comigo a desdita esmagadora
deste príncipe que na fria madrugada
rola – e passa como um náufrago perdido...
Mãe, tu me chamavas príncipe...

Acrescento a este poema-testemunho o final do *Diário Completo*, em que o escritor exibe a evidência de que corpo e escrita estão dramaticamente unidos: "E aqui estou: tudo o que amo não me ouve mais, e passo com minha lenda, forte sem o ser, príncipe, mas esfarrapado" (Cardoso, 1970, p. 304).

Não há a distância esperada de um filósofo na atitude do escritor e nem uma coerência que se apoie apenas na razão. Lúcio se compara aos escritores e personagens, espelha-se em seus escritos, como se estivesse diante do que lê, discute, dialoga, hesita, sofre, porque assim ele sempre foi: fiel à sua paixão.

Termino com um poema impressionante (ou que me impressionou profundamente) que anuncia, de forma pungente, o destino de seu próprio corpo, aprisionado, depois do derrame que sofreu: "Poema escrito durante o Carnaval":

> Eu sou a pedra onde se diz adeus,
> confluência de encontros, palavras
> e soluços ainda não gravados.
> Eu sou o silêncio em que se consuma
> o gesto final e a partida.
> Uma das minhas mãos está voltada
> para onde a noite nasce
> e os passos iniciam
> o rude trajeto da memória.
> Eu sou a solidão da madrugada.
>
> A outra mão está voltada
> para o país onde as coisas
> já se petrificaram.
> Aí surgiu o primeiro gemido
> e o espasmo da primeira sombra.
> Inutilmente podereis gritar
> ante um inferno povoado
> de tantas estátuas.
> O meu próprio desespero é inútil
> e continuo eterno,
> com os olhos de mármore. (Cardoso, 1982, p. 206-207)

Que poder é este da poesia de colocar em palavras o futuro? No caso de Lúcio, um futuro amedrontador e sombrio? Seria algo da ordem de um desejo autodestrutivo? Uma estranha memória do futuro guardada no corpo, na alma e materializada na escrita?

REFERÊNCIAS

BARTHES, Roland. *O prazer do texto*. Trad. J. Guinsburg. São Paulo: Perspectiva, 1977.

CARDOSO, Lúcio. *Diário completo*. Rio de Janeiro: José Olympio Editora, 1970.

______. *Poemas inéditos*. Rio de Janeiro: Nova Fronteira, 1982.

______. *Diários*. Editados por Ésio Macedo Ribeiro. Rio de Janeiro: Civilização Brasileira, 2012.

______. *Contos da ilha e do continente*. Seleção, organização, notas e prefácio de Valéria Lamego. Rio de Janeiro: Civilização Brasileira, 2012.

SILVIANO BRANDÃO, Ruth. *A vida escrita*. Belo Horizonte/Rio de Janeiro: Pós-lit/UFMG & 7Letras, 2006.

LÚCIO CARDOSO – O ARTISTA DA PAIXÃO

Beatriz Damasceno

O evento "Lúcio Cardoso - 50 anos depois", promovido pela Faculdade de Letras da UFMG, em homenagem ao escritor mineiro, passados cinquenta anos de sua morte, possui enorme importância por rememorar o artista que marcou intensamente as nossas artes e por provocar o debate de questões muito atuais sobre comportamentos e posturas sociais. Isso porque trazer à tona a participação de Lúcio Cardoso na cena cultural, artística e literária brasileira é, sem dúvida, discutir temas que acenam para a liberdade de expressão, o olhar para o íntimo do ser humano e a transgressão. Nesse sentido, ressalto, na minha lembrança afetiva do escritor, três características que o marcam de forma peculiar e que foram pontuais para o seu reconhecimento: a maneira impulsiva e firme para defender suas posições; a profunda relação com a figura do Cristo e com a espiritualidade; e, finalmente, a cumplicidade com a escrita, capaz de romper os limites da experiência.

Em relação ao posicionamento, Lúcio Cardoso optou por destoar da temática mais convencional e acessível à época. É sabido que, nos anos 1930, as questões sociais brasileiras entraram com destaque nos romances. A seca como espaço e os pesados caminhos da migração em busca de uma vida melhor marcaram as letras provocando efervescentes discussões. Esse momento pendeu para os romances de realismo patente das mazelas brasileiras, sacrificando escritores que adotaram temas intimistas e muito subjetivos; estes receberam fortes ataques e foram condenados por se posicionarem de maneira alienante em relação aos urgentes problemas que até então se mantinham praticamente ignorados pelas artes. O jovem escritor Lúcio Cardoso, depois de uma estreia brilhante pelo olhar da crítica com o romance *Maleita* (1934), ambientando o leitor no espaço típico do interior mineiro com seus graves problemas sociais, resolve caminhar na contramão e opta por lançar, em 1936, *A luz no subsolo*. O livro é tão voltado para questões existenciais das personagens, tão mergulhado nos espaços subjetivos, que fica difícil até mesmo para o nosso maior missivista dar uma opinião concreta sobre aquele diferente texto. Assim escreve Mário de Andrade em carta datada de 20 de agosto de 1936:

> Muito obrigado pelo envio da 'Luz no subsolo'. Que romance estranho e assombrado você escreveu! [...] Me deu um bruto soco no estômago, fiquei sem ar, li, lia o caso me prendia, os personagens não me interessavam, às vezes as análises me fatigavam muito, às vezes me iluminavam, não sabia em que mundo estava, inteiramente despaisado. Falar que gostei do seu livro, não seria propriamente uma insinceridade. [...] Seu livro é um forte livro, artisticamente me pareceu ruim. Socialmente me pareceu detestável. Mas compreendi perfeitamente a sua finalidade de repor o espiritual dentro da materialística literatura de romance que estamos fazendo agora no Brasil. Deus voltou a se mover sobre a face das águas. [...] Mas me prendeu. Livro ruim, livro bom: sou incapaz de decidir. Mas que é a abertura de uma coisa nova para nós, uma advertência forte, é incontestável. E você cristalizado nesse caminho que abriu, quando as suas intenções forem menos ostensivas e o seu amor dos homens e da vida voltar, dominando a intenção, você não sei, não sou profeta, acho besta a profetizar, parece que estou consolando você dum livro errado! Quando não tenho elementos meus para garantir que você errou!... Um grande abraço.

Tal ousadia de Lúcio Cardoso aponta para a sua resistência aos modelos estabelecidos e para a capacidade de enxergar, dentro de seu tempo, novas possibilidades de realismo na literatura. Provavelmente, é esse o estranhamento de Mário. O realismo de Lúcio é latente, visa provocar um efeito de real no leitor. Ele não estampa a realidade, mas a explora por um outro viés, ou seja, pelo íntimo das personagens e, como afirma Mário, Lúcio parece cristalizado nessa ideia e proposta. Observa-se que o escritor tem clareza de sua opção, como ele mesmo afirma em uma entrevista a Brito Broca:

> A minha concepção de romance vai de encontro ao da maioria dos romancistas modernos, que preconizam uma arte da observação pura, a fotografia da realidade. Querem apanhar essa coisa que vemos aí e nada exprime, porque a verdade está no subsolo. Não os reconheço como romancistas, mas talvez como bons repórteres. (Cardoso *apud* Broca, 1983)

Apostando de maneira tão assertiva nessa concepção de romance, o escritor tanto foi ao encontro de uma caminhada mais árdua como marcou uma adversidade entre seus pares escritores, entretanto, manteve-se firme no que acreditava. Dessa forma, construiu toda a obra voltada para a temática intimista, consagrando-se como escritor de um dos maiores clássicos da literatura brasileira, o romance *Crônica da casa assassinada*, lançado em 1959. Composto por textos fragmentados, como relatos, cartas, trechos de diários e confissões, a história da família Meneses é montada por um leitor cambaleante, que soma as impressões, sensações e segredos daquelas personagens atormentadas pela difícil tarefa de viver. Hoje, podemos observar a contemporaneidade dessa obra. Mas ela só foi possível pela determinação e pelo desafio ao fracasso assumida pelo escritor.

Essa perspectiva do subsolo é muito coerente com a vida de Lúcio Cardoso, que escreveu diários por muitos anos, por meio dos quais é possível ao leitor acompanhar suas reflexões sobre o ser no mundo. A espiritualidade e a explicação para o mistério da vida em Deus são palpáveis para o escritor. A paixão – sentimento intenso, impulsivo e profundo – é a realidade humana e, nesse sentido, não há melhor exemplo do que a figura do Deus-homem. O Cristo de Lúcio Cardoso é o da paixão, do sacrifício, da cruz diária que é viver. É o Cristo mortificado pelas dores e incertezas, sofrido pelas asperezas do cotidiano. Aquele Cristo da véspera da crucificação, que roga, a todo momento, para que Deus o afaste do cálice da dor, mas que suporta as tentações, provações, provocações e, consequentemente, desafia a ordem. Por isso, é tão crítico à própria condução da instituição religiosa à figura de Cristo. Assim registra no seu diário:

> Cristo, tal como o herdamos dos antigos, exigia que estivéssemos à altura de sua grandeza. Mas preferimos adaptar um outro às nossas minúsculas necessidades, um Cristo ideal ao tempo em que vivemos, estandardizado, sindicalizado, racionalizado. Como o personagem do conto de Flaubert, que se ajoelhava diante de um papagaio empalhado, imaginando que fosse o Espírito Santo, assim nos ajoelhamos diante de um Cristo talhado à medida para um tempo sem estatura. É este, sem dúvida o grande crime da Igreja: ter fornecido às multidões cegas um Deus tranquilo e sem vitalidade, um Cristo sem martírio e sem lágrimas, trabalhado nas sacristias e nas confrarias, nas Ações e nas sociedades de classe. Não é este o que encontramos, quando em nós há uma convulsão ou uma ânsia pelas coisas extremas [...]. (Cardoso, 1970, p. 143)

Há no homem "uma convulsão ou ânsia pelas coisas extremas", e essa particularidade é ponto de comunhão com Cristo, pela experimentação e consumação da vida. Dessa forma, não há existência fora da tensão e do olhar para a grandeza de um Deus sensível que espera a cumplicidade desse sentimento, que não é imparcial ou neutro, pelo contrário, é intenso e epifânico. Lúcio Cardoso (1970, p. 233) chega a afirmar no diário: "Não é o Cristo de São Tomás de Aquino que me interessa, mas o de Jacob Boehme". Sem isso, vive-se uma vida morna, racionalizada, desprezível, tal como descreve São João em Apocalipse: "Não és nem frio nem quente. Oxalá fosse frio ou quente. Mas porque és morno, nem frio nem quente, estou para vomitar-te de minha boca" (Ap 3, 15-16).

Essa forma de estar no mundo fez com que Lúcio Cardoso (1970, p. 129) experimentasse a vida e desafiasse limites, como registra em seu diário: "Gostaria de caminhar e não me deter nunca; todas as paisagens me ferem. O repouso – ordem, serenidade, trabalho – é para mim quase constantemente um estado inatingível". Certamente, o caminho da transgressão foi inevitável, ninguém vive abundantemente de forma comedida, respeitando regras ou padrões. Lúcio foi um homem que provou suas vitórias e fraquezas, apostou em projetos ousados e dispendiosos, estampou sua homossexualidade, amou e brigou muito pelas suas convicções. E a escrita foi testemunha da vida ou, como já afirmara Maurice Blanchot (2005, p. 274) em relação à escrita de diários, uma salvação: "Escreve-se para salvar a vida, para salvar sua vida pela escrita, para salvar seu pequeno eu ou para salvar seu grande eu, dando-lhe um pouco de ar". Por isso, o diário foi um gênero por excelência na obra do escritor, nele está a marca da transgressão e da força que é viver:

> 13/11/1949 – [...] Quando Deus me dará forças para ser paciente com os meus pobres limites? Queria tudo, fazer tudo – e num espaço de tempo mínimo. Mas aos poucos vou compreendendo que meu mundo é outro – a imaginação que me foi dada é para criar um universo que não me fira com suas arestas, uma cidade prisioneira do papel branco, feita de palavras. A sabedoria é fazer calar este sangue selvagem, que arde nas minhas veias. Se puder, no entanto. (Cardoso, 1970, p. 43)
>
> 26/12/1952 – Acho que Deus não se interessa em definitivo senão por aqueles que, uma vez pelo menos, têm coragem de perder o céu. (p. 182)
>
> 27/2/1960 – Todas as paixões me pervertem, todas as paixões me convertem. (p. 273)
>
> 31/7/1962 – Estranho dom: Deus deu-me todos os sexos. (p. 295)

O temperamento inquieto e o ritmo de vida muito desregrado, apesar das restrições médicas, levaram o escritor a um acidente vascular cerebral aos cinquenta anos. Nos seis anos que conviveu com as sequelas do AVC – que paralisou seu lado direito e tomou-lhe a fala – readaptou sua escrita, conversou por cadernos, blocos e folhas avulsas e experimentou com potência novas formas de escrever. Lúcio Cardoso provou a doença e parecia ter bastante consciência dos caminhos que traçou. E, claramente, chancelou à escrita – a maneira própria do corpo – a inscrição dessa trajetória. Ou seja, sua relação com a escrita de diário se manteve de forma surpreendente, marcando a importância de registrar a experiência e conhecer novas possibilidades.[1]

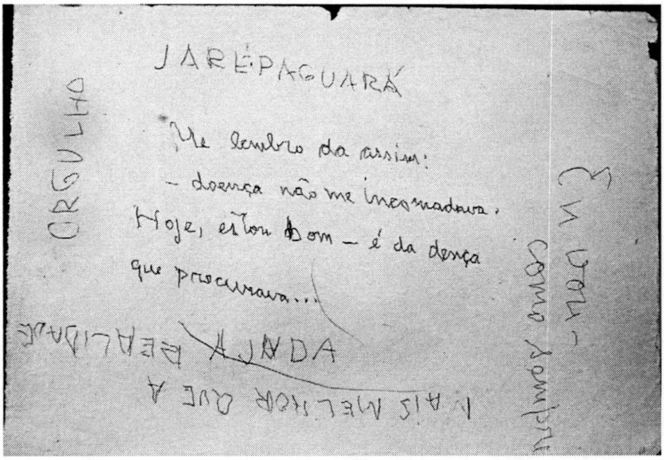

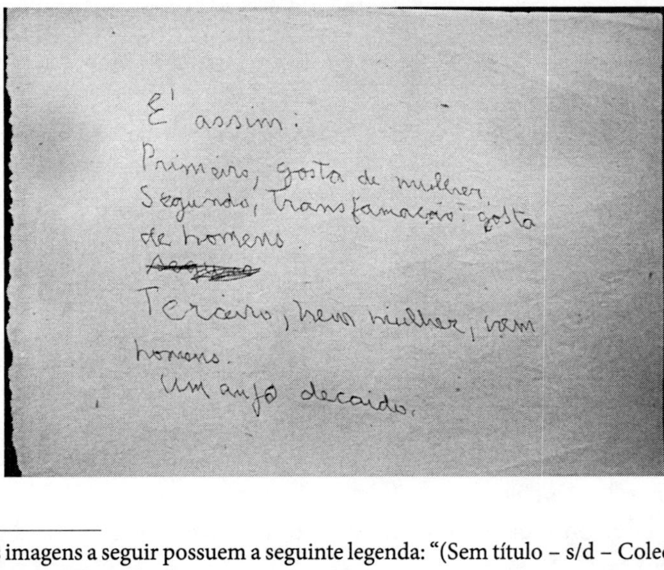

1 Todas as imagens a seguir possuem a seguinte legenda: "(Sem título – s/d – Coleção família Adauto Lúcio Cardoso)".

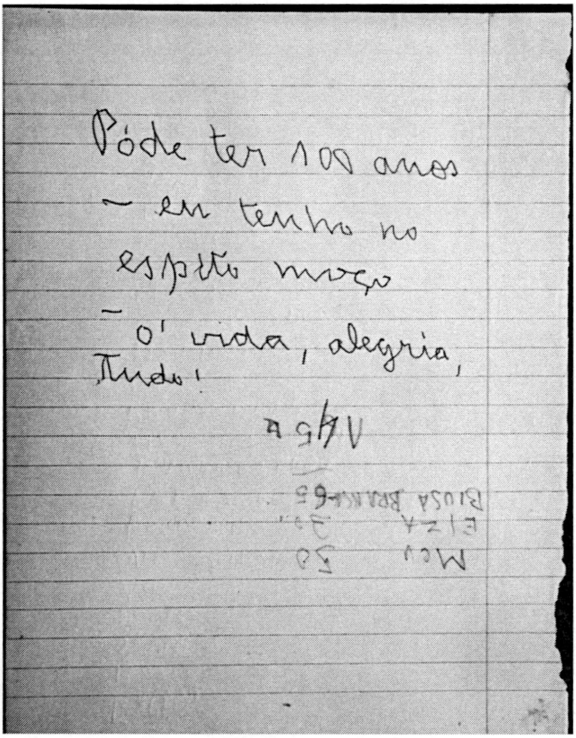

Essa experimentação, registrada em detritos, demonstra bem a relação visceral que ele tinha com a escrita. Lúcio Cardoso (1970, p. 84) manteve um diário porque esse gênero híbrido fazia parte de sua forma de viver: "Não sei o que me une a este caderno – aqui estou de novo, aprisionado às suas páginas. Escrever nele torna-se um hábito que, na minha constante dispersão, considero de grande utilidade."

Lúcio era um diarista, um escritor de inquietações humanas, de reflexões sobre a vida e os sentimentos, e não poderia deixar de registrar cada passo porque tinha a escrita como meio de conhecimento. "Não, não é verdade (...) que o fim da arte (de escrever) é nos tornar melhores... Não é por isso que escrevemos. O motivo justo é que devemos nos desvendar, pois só conhecendo totalmente o homem, é possível a ele ser melhor" (Cardoso, 1970, p. 261). A escrita denuncia, mostra, registra, assegura mudanças: "Não sei quem inventou o diário íntimo, que alma tocada pela danação e pelo desespero efêmero – sei apenas que relendo páginas de meses atrás, senti-me com o coração pesado que não pude continuar. Ah, como mudamos e como mudamos depressa!" (*ibid.*, p. 59).

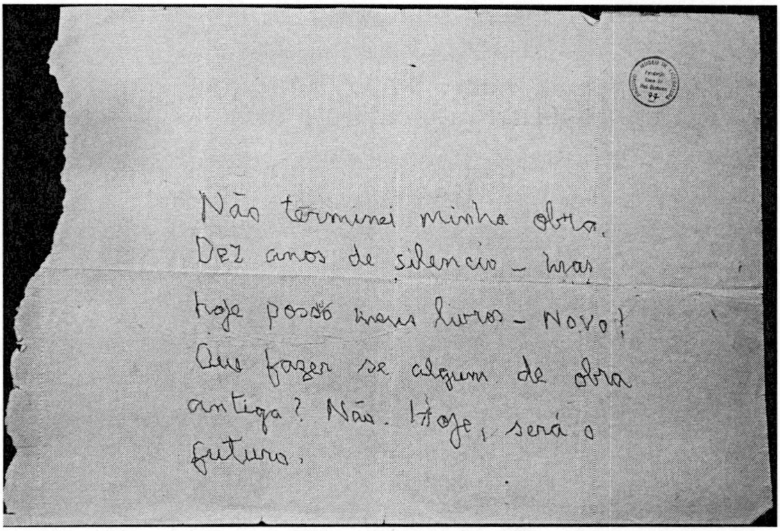

Não terminei minha obra. Dez anos de silencio – mas hoje posso meus livros – Novo! Que fazer se algum de obra antiga? Não. Hoje, será o futuro.

O diário para ele era oficina: nele estão as colagens, os fragmentos, as rasuras das experimentações. O exercício da escrita a quente, no instante do acontecimento e ao sabor do tempo. "Sem dúvida, o ideal como 'diário' não é um processo constante de autoanálise – convenhamos que nem sempre há dentro de nós grandes novidades, já somos tão conhecidos – e sim alguma coisa que participe da invenção. Gênero híbrido, a ser tentado" (Cardoso, 1970, p. 86). É notória a visão contemporânea do escritor, pois, nessa articulação, os fragmentos se compõem e atingem uma dimensão inimaginável e apresentam sempre uma linguagem de prontidão, que não se dá ao acabamento, assim como o seu jeito de ver a vida: "(...) o sucesso é o sinal mais vivo da velhice. Deus me livre de ter 'chegado', de nada mais me mover senão o sentimento de plenitude" (*ibid.*, p. 149).

Seu diário traz e traduz essa dinâmica, portanto, revela as constantes reflexões sobre a vida, o próprio ato de escrever e o rico panorama das artes. E essa relação intensa e em cumplicidade com a escrita não se desfaz nem mesmo, ou, principalmente, nas maiores dificuldades. No arquivo do escritor, na Casa de Rui Barbosa, estão os inúmeros papéis avulsos, vários blocos e cadernos que testemunham todo o processo de convivência com a limitação de um homem profundamente tocado pela vida.

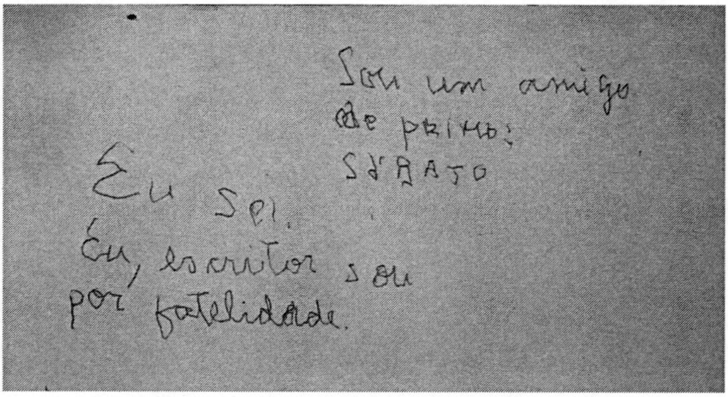

Além disso, o artista, após o AVC, potencializou sua pintura, prática menos habitual que se mostrou cada vez mais pujante; uma outra forma de escrita, com a mesma temática subjetiva. Lúcio produziu muito e fez exposições nas principais capitais do país. Carlos Drummond de Andrade afirmou, no *Correio da Manhã*: "Poeta na mais extensiva aplicação do termo, ele é um dos que, usando meios puramente estéticos, trabalham por desvendar, no sistema de realidades aparentes, a realidade subterrânea do homem… (…) O pintor estava dentro dele, vigilando e esperando sua hora, (…) na riqueza de dons que o fizeram, de nascença, fatalizado, um artista."

Nesse momento intensamente pós-utópico é um deleite registrar o valor de um artista que se manteve firme e coerente nas adversidades; além disso, exerceu um papel marcante na luta contra formas engessadas e manipuladoras de viver a espiritualidade. Lúcio Cardoso foi uma figura forte na vida e nas artes. O poeta e amigo Walmir Ayala (2018, p. 70) deixou registrado em seu diário a respeito de Lúcio: "Aquele olho perfurante, quase satânico, cobrando permanentemente a nossa vigília sobre a miséria e a pusilanimidade. Não, ninguém mais pôde dormir em paz, depois de ter conhecido Lúcio Cardoso". Assim como já reconhecera a jornalista Nair Lacerda, ao observar a chegada do fragilizado escritor à inauguração da sua Exposição de Pintura, na Galeria Atrium, em 1966, em São Paulo: "movendo-se com infinita dificuldade, ainda é ele quem faz a dádiva melhor, ainda era ele, ali, naquele subsolo repleto, a grande, a nobre Presença."

Passados cinquenta anos da morte do escritor e resgatando seu papel no cenário artístico brasileiro, sem dúvida alguma, esta potente presença é o que ainda se evoca.

REFERÊNCIAS

ARQUIVO LÚCIO CARDOSO – "Exercícios de foniatria". *Inventário I*. Rangel, Rosângela Florido, org. II. Leitão, Eliane Vasconcellos, org. III. Título. IV. Série.

ANDRADE, Carlos Drummond. Sobre a pintura de Lúcio Cardoso. *Correio da Manhã*, 21 mai. 1965.

ANDRADE, Mário de. "Carta a Lúcio Cardoso". Arquivo de Lúcio Cardoso – *Inventário I*. Rangel, Rosângela Florido, org. II. Leitão, Eliane Vasconcellos, org. III. Título. IV. Série.

AYALA, Walmir. Diários, cartas, poemas, entrevista. *Piauí*: Revista Hoblicua especial, 2018.

BÍBLIA. Português. *Bíblia sagrada*. 11ª edição. Rio de Janeiro: Editora Vozes, 1982.

BROCA, Brito. Da imaginação à realidade. A palavra de Lúcio Cardoso. *Dom Casmurro*, p. 2, 9 jun. 1938.

CARDOSO, Lúcio. *A Luz no subsolo*. Rio de Janeiro: Editora Expressão e Cultura, 1971.

______. *Maleita*. Rio de Janeiro: Civilização Brasileira, 2005.

______. *Poemas inéditos*. Rio de Janeiro: Nova Fronteira, 1982.

CARDOSO, Lúcio. *Crônica da casa assassinada*. Rio de Janeiro: Editora Letras e Artes, 1963.

DAMASCENO, Beatriz. *Lúcio Cardoso em corpo e escrita*. Rio de Janeiro: EdUERJ, 2012.

LAMEGO, Valéria. *O conto e a vida literária de Lúcio Cardoso (1930 – 1950)*. Tese de doutorado. PUC – Rio, 2013.

LACERDA, Nair. Lúcio. *A Tribuna*, Santos, 26 jun. 1966.

LIMA, Luiz Costa. Novo romance, novo milênio. *Revista Ciência Hoje*, 2011.

SANTOS, Cássia. *Polêmica e controvérsia em Lúcio Cardoso*. Campinas: Mercado das Letras, 2001.

LÚCIO CARDOSO: PECADO E SANTIDADE DE UMA ALMA EM RUÍNAS

Rodrigo Coppe Caldeira

I

Minha aproximação com a literatura se dá a partir do olhar do historiador. Ela é fonte importantíssima de um tempo que se foi. É marca, sinal incrustado nas temporalidades em que as vivências podem se manifestar sempre de maneira singular. Claro que, antes de ser historiador, de me formar como tal, me deleitei com a literatura de várias formas. Aquela que mais me chamava atenção e me tocava era a que resvalava nas questões existenciais. Desde muito cedo estive nelas mergulhado. Entre leituras de Kafka, Dostoievski e Tolstoi, os místicos cristãos como São João da Cruz, Santa Teresa D'Ávila, os Padres do Deserto, Thomas Merton. Deparei-me, no alto da maturidade, com o texto do escritor mineiro Lúcio Cardoso. Senti que descobria um tesouro. A identificação foi imediata. Particularmente pelo fato de que, como um católico relutante nesse início de século, a pergunta que me acompanha é aquela sobre a realidade do mal e do sofrimento, e, consequentemente, a realidade e a natureza do pecado. Temas em que vamos encontrar os personagens do escritor submersos e também na reflexão que nos oferece em seu *Diário* pessoal.

Como diz Léon Bloy (*apud* Faria, 1968, p. 65), escritor francês, frequentemente lembrado por Lúcio, "A Queda não é um fato acontecido outrora e do qual sofremos as consequências. Continuamos a cair sempre e eis por que Eva chora. Suas lágrimas nos acompanham no abismo". E é essa reedição incessante da Queda, de nossa queda reincidente e irresoluta na *superbia*, o primeiro pecado, o que me interessa sobremaneira. É o "homem problemático", ou seja, o problema antropológico, que parece perpassar a literatura de Lúcio Cardoso, e que faz ninho nele mesmo, em sua busca particular. Onde a experiência das trevas, da escuridão, torna-se o caminho pelo qual Deus pode se manifestar.

Em que condições surge sua obra, isto é, em qual horizonte de inquietude espiritual o tema antropológico se mostra na sua constituição como escritor, é a questão de fundo sobre a alma em ruínas num mundo que parece também se desintegrar sob nossos olhos. E nesse diapasão antropológico está também Deus, já que pensar o que constitui o ser humano é pensar o que constitui o divino.

II

Otto Maria Carpeaux (1999), reconhecido crítico literário austríaco naturalizado brasileiro, numa crítica ao conjunto da obra de François Mauriac, dizia que o escritor francês, além de um clássico, excedia pelo valor literário todos os seus correligionários precedentes. Sua superioridade, segundo o crítico, estava no fato de que ele reconhecia a realidade do pecado. O pecado, esse conceito teológico malquisto, pouco apreciado e mal compreendido por muitos contemporâneos, foi certamente a fonte, influência e objeto de alguns dos literatos católicos mais prolíficos do século XX. Todos eles bem íntimos dessa ferida anímica.

O romancista católico é, assim, aquele que conheceu a realidade do pecado. No Brasil, um dos romancistas que nutria intimidade com o pecado, até mesmo certa condescendência, foi Lúcio Cardoso (1912-1968). Se Georges Bernanos foi considerado o "Dostoievski francês", Cardoso ficou conhecido como o "Dostoievski mineiro". Escritor de sondagem psicológica e intimista, esteve ligado por toda a vida à trupe espiritualista e católica brasileira. Era amigo ou tinha alguma proximidade com nomes como Otávio de Faria, Jorge de Lima, Cornélio Penna, Clarice Lispector, Vinícius de Moraes. Era um "inventor de totalidades existenciais", como o bem definiu Alfredo Bosi (2006, p. 414), com textos cravados de elementos filosóficos e psicológicos. Como um forte exemplo de toda uma geração de escritores católicos brasileiros, Lúcio repensou e expressou as relações entre filosofia, religião e literatura, fazendo de sua arte um peculiar encontro entre o Brasil arcaico e moderno (Sousa, 2011) e as nuances universais e existenciais do humano.

Foi influenciado de maneira particular pela pena dos escritores católicos franceses: Léon Bloy, Charles Péguy, Julien Green, além de Blaise Pascal e dos próprios Mauriac e Bernanos. E, claro, o russo Fiódor Dostoievski. E se, como diz Carpeaux (1999, p. 358), "todo o romance tradicional francês, essa maravilha de construção psicológica, gira em torno da mesma palavra, que é também a palavra-chave de Mauriac: o pecado", Cardoso não pôde passar ileso. O crítico austríaco, ao analisar a literatura católica, afirmava que já havia passado o momento em que os escritores declaradamente católicos viviam numa espécie de *ghetto*. Era impossível negar a sua contemporaneidade. A literatura que surgia das penas católicas dava um salto qualitativo (Carpeaux, 2010).

Lúcio, homem da noite e da experimentação, vivia pelos bares do Rio. E também por necrotérios. Segundo Rachel de Queiroz,[1] sua amiga, de vez em quando ele desaparecia por um fim de semana ou mesmo por uma semana, misteriosamente, e quando perguntavam a ele por onde tinha andado, ele respondia: "Andei no inferno". Ledo Ivo, com quem dividiu apartamento em 1943, disse certa vez que Lúcio Cardoso teria sido "o grande emissário da sombra e do silêncio, em uma literatura que sempre foi tropical e solar".[2] Por isso mesmo o desdém pela sua obra, até quando não foi mais possível evitá-la em sua genialidade, por uma crítica ideológica, marcada por seus "compromissos sociais".

Podemos falar em dois motivos latentes que se encontram na sua literatura e em seu *Diário*: a homossexualidade e os conflitos espirituais. Atmosfera pesada, carregada de culpa, remorsos, ressentimentos, descontrole, ira, que por sua vez são tidas como efeitos diretos dessas duas linhas secretas. É possível encontrar até um parentesco sutil em sua aproximação com Nelson Rodrigues. Distantes em quase tudo, mas marcados pela obsessão pela ruína e condenação (Castelo, 2000, p. 75).

Uma certeza da tragédia – de ser tragado pelo sofrimento e pela morte, sem qualquer possibilidade de fuga. Uma consciência da própria perdição. Por isso uma reflexão séria e aprofundada sobre seu catolicismo devesse questionar se Lúcio estaria estacionado no pecado, no sofrimento e no mal, sem entrever qualquer possibilidade de redenção. Ricoeur (2013, p. 87) nos lembra que o simbolismo do pecado enquanto tal "não estará completo senão quando for considerado retrospectivamente a partir da fé na redenção".

---

1 Cf.: YouTube: https://bit.ly/2RED3pW
2 Cf.: YouTube: https://bit.ly/2RED3pW

Seria de todo equivocado dizer de um "catolicismo pela metade"? Ou mesmo de uma perspectiva pascaliana em sua experiência católica, em que a antropologia teológica está marcada pela consciência da miséria humana? Uma perspectiva que entende que o ser humano sempre cai e falha se depende de si mesmo? Perspectiva muito comum entre os literatos contemporâneos de Lúcio, particularmente franceses?

A marca católica de sua obra assinalada pela presença do mal, o desvio e a perdição, conflitava profundamente, como aponta Ruffato (2003), com a ojeriza do escritor ao tradicionalismo mineiro, reacionário e castrador, e com sua problemática homossexualidade, nunca assumida, mas também nunca escondida. Daí sua expressão mais famosa: "O punhal que levanto, com a aprovação ou não de quem quer que seja é contra Minas. Que entendam bem: contra a família mineira. Contra a literatura mineira. Contra o jesuitismo mineiro. Contra a religião mineira" (Castelo, 2000, p. 75). Jesuitismo entendido aqui como dissimulação e hipocrisia.

Seu punhal levantado contra Minas Gerais e seu catolicismo tradicional, para além de suas próprias experiências no âmbito da hipocrisia que dizia se levantar, parece ter ressonâncias francesas, particularmente de certos posicionamentos de Julien Green, mordaz literato francês, várias vezes citado em seus *Diários*. Green escreveu em 1924 o *Pamphlet contre les catholiques de France*. Nas trinta e cinco páginas do texto, o escritor ataca e denuncia uma Igreja por demais racionalizada, minada pelos hábitos e acomodamentos, que teria perdido o sentido profundo do catolicismo: aquele do sagrado, do mistério e da danação. O escritor francês trazia nesse panfleto uma perspectiva mais mística que moral, inclinando-se a favor de uma religião dominada pelo sobrenatural. Uma exigência de absoluto na vastidão vazia de um niilismo que parecia triunfar sob seus olhos. Mas enquanto a alma mira o céu, o corpo se deleita na terra. O conflito entre o invisível e o sensível perpassa o texto, e estará no centro da obra de Green. O ataque de Lúcio contra o catolicismo não se restringe a Minas Gerais, mas se desdobra a um ataque amplo e irrestrito à Igreja de sua época, como veremos a seguir, mas que também parece seguir as pegadas de Green.

Pensar a questão do pecado em perspectiva teológica cristã, retomando principalmente a patrística, dos primeiros pensadores cristãos, é se deparar particularmente com o problema do mal. "O pecado de Adão, que é um só quanto a origem" (Denzinger, 1513), se multiplica na experiência humana e em cada um de nós, a partir da recusa do primeiro homem e de sua intenção em tornar-se como Deus e pretender um poder de disposição sobre o conhecimento do bem e do mal igual ao seu. Como nos diz Santo Agostinho, uma revolta culpável da carne contra o espírito, aversão a Deus e conversão egoísta aos bens efêmeros. Assim, o mal, como limite ontológico, é "uma espécie de absoluto da infelicidade" (Borne, 2014, p. 34). Infelicidade que vem desse estar diante da miséria humana, da incompletude e da impossibilidade fora da mediação de Cristo e sua cruz. Mas é ali, face a face com essa condição, que ganhamos em humanidade, que nos tornamos vivos, e em que a vida interior alça voo. "Para não ceder ao desespero, é preciso dar à alma, força e luz", como afirma Adam (2014, p. 18) ao comentar obra de Louis Lavelle. O que parece ter acontecido com Lúcio Cardoso e o que procurou realizar em sua literatura. Frente à concretude do mal, parece não se abater, nem se revoltar, lançando blasfêmias contra o céu, comportamento comum de muitos de sua geração. Mas fez dele objeto de sua arte literária, inserindo seus personagens na realidade da vida e suas contradições. Seus personagens são tomados por uma obsessão pela questão do mal, marcados pela calamidade, concretizada, por exemplo, em desejos incestuosos. Sujeitos nos quais a pulsão de morte exala pelos poros. Mas nunca sem se depararem com as perguntas sobre o sentido do mal, tocando, dessa forma, nas questões existenciais e religiosas. E é isso o que mantém o escritor mineiro atual: num mundo onde o bem-estar, o conforto, a conformidade aos padrões parece ser algo que nos impomos voluntariamente, no mundo das imagens burguesas de felicidade que correm pelas redes sociais, Lúcio Cardoso apresenta um ser humano desnaturalizado, desencaixado, para fora da hipocrisia reinante. Foi por estas perspectivas abertas, em que a existência passa a ser a partida e a chegada de sua obra, em que a morte e o mal estão profundamente presentes, que sua obra se torna também universal e aberta aos contemporâneos.

Seus personagens estão mergulhados no desespero das dúvidas existenciais, das questões últimas, dos limites impostos nos corpos, pelos quais ninguém é capaz de fugir. É nesse campo de batalha em que se joga a fé: conciliar a crença num Deus bom, da compaixão e da misericórdia, com a presença constante do mal no mundo e de sua infinita reatualização. Campo de batalha que se configura em nós mesmos, onde o bem e o mal dão suas cartas. Marcados indelevelmente pelos limites do pecado original, somos tragados pela culpa, perdição, decadência moral e psicológica.

A frase de Gertrude von Le Fort, escritora alemã convertida ao catolicismo na década de 1920, também poderia ter saído da boca de Lúcio: "Felicidade há no céu e justiça no inferno; nessa terra, há a cruz". Ou mesmo o dito de sua grande influência, Julien Green:

> Viver segundo o Evangelho não é de modo algum viver confortavelmente, e acrescentar a essa vida agradável o luxo das aspirações místicas, mas sim erguermo-nos todas as manhãs e retomarmos a nossa cruz onde a deixamos na véspera. O cristianismo sem a cruz não passa de um devaneio filosófico, mas ninguém quer a cruz. (Mœller, 1958, p. 391)

III

Lúcio Cardoso desenvolveu uma crítica voraz ao catolicismo de seu tempo. E via em algumas de suas manifestações o mal que tinha como foco de sua luta espiritual. Assim, não se esquivou em lançar fortes reprimendas aos caminhos pelos quais a Igreja romana adentrava, em que parecia pouco capaz de barrar os ventos do mundo indiferente em seu interior. Adaptar-se ao mundo e aos seus ditames era, para Lúcio, a maior aberração. Em um dos momentos altos de seu *Diário* (1949-1962) – onde podemos encontrar inúmeras referências de seus tormentos religiosos –, disparava:

> Cada dia compreendo mais nitidamente que não perdemos o Cristo, como tantos pensadores modernos gostam de afirmar, mas fizemos o pior, porque o substituímos [...] Cristo, tal como o herdamos dos antigos, exigia que estivéssemos à altura de sua grandeza. Mas preferimos adaptar um outro às nossas minúsculas necessidades, um Cristo ideal ao tempo em que vivemos, standartizado, sindicalizado, racionalizado [...] assim nos ajoelhamos diante de um Cristo talhado à medida para um tempo sem estatura. É este, sem dúvida, o grande crime da Igreja: ter fornecido às multidões cegas um Deus tranquilo, sem vitalidade, um Cristo sem martírio e sem lágrimas [...] Não é este o que encontramos, quando em nós há uma convulsão ou uma ânsia pelas coisas extremas: o que deparamos então é um vácuo que não corresponde mais aos pobres mistifórios, sucintos e bem-comportados, que nos serviram como sucedâneos da verdade. (Cardoso, 1970, p. 142-143)

Seria o cristianismo reduzido a um simples humanismo entre tantos outros uma das questões que afligia Cardoso, em que a própria *metanoia/conversão* já não faz qualquer sentido? Um cristianismo sem cruz, Evangelho e Revelação?

Reduzido a fórmulas de "boa consciência" para os ditames de um paladar pouco afeito ao amargor dos tormentos humanos? Um Deus açucarado, enfim? Uma Igreja em pedaços, que se torna ela mesma o símbolo de nosso tempo, marcado indelevelmente pela decadência espiritual? Esse Cristo "talhado à medida para um tempo sem estatura" não poderia ser interpretado como uma crítica frontal ao princípio da subjetividade moderna, em que o próprio sujeito se tornou a medida de tudo? Em que faz a realidade se dobrar às suas próprias vontades? E também a uma religião subjetivizada que vai tomando uma forma cada vez mais evidente?

É o Cristo do paroxismo aquele que Lúcio Cardoso (1970, p. 164) advoga, "o Deus flagelado e nu". Como diz em seu *Diário*, "Não nos enganemos, foi como homem, dilacerado e abjeto, que Deus veio ter conosco – dilacerados e abjetos é que estaremos à altura de qualquer céu" (Cardoso, 1970, p. 73). Aquele que vem de encontro à superficialidade vazia de um tempo em que se deseja abolir o pecado como ideia e manifestação, em vista de uma tranquilidade burguesa[3] orgulhosa de seus feitos.

É sempre contra um Deus tranquilo que se levanta, e por isso a centralidade do pecado em seu pensamento. Em outro ponto de seu *Diário*, diz: "Uma das formas do ódio a Jesus Cristo: a náusea ante a profundidade. Cristo pertence a tudo, menos a um conhecimento de superfície (...) Jesus Cristo vitorioso, é certo, existe – mas é o mais usado pelos burgueses satisfeitos" (Cardoso, 1970, p. 44, 251).

Atravessado por um furor místico e profético, o escritor mineiro busca perscrutar o mistério, que tem o mal como ator de primeira grandeza. Para Lúcio, conhecer a Cristo em profundidade é certamente estar consciente da realidade do mal e as consequências da perda da presença vivificante de Deus – o pecado. Estar nele imerso é experimentar a servidão, um estado existencial em que a liberdade não pode ser plenamente saboreada. No entanto, saber-se ali, vendo-se preso em suas teias, é também, ao mesmo tempo, reconhecer a vitória da graça, a solicitude de Deus para conosco. É na obscuridade que Deus se revela, nas sombras que sua luz se manifesta.

Como dizia seu amigo Octávio de Faria (1985, p. 91), "Deus se encontra no fundo da imundície humana ou no alto da montanha". Lembro-me também

3 "O burguês, mesmo quando é um 'bom católico', acredita somente neste mundo, naquilo que é conveniente e útil [...] É um idólatra, o burguês, um escravo do visível" (p. 185); "Quando é um 'crente', o burguês só acredita verdadeiramente no poder deste mundo e das coisas visíveis e é somente delas que espera obter o melhor da vida" (Berdiaev, 2017, p. 189).

de Cioran (1995, p. 289), o filósofo romeno, que dizia que "a peste é como uma benção". Não se toca no mistério de Deus sem essa contrapartida que é o pecado, que é estar afastado, para ser, no final, resgatado. Por isso experimentar o mal já é uma forma de graça. Só se pode reconhecer-se pecador à medida em que a graça já se faz presente e vitoriosa. É onde "reside o mal, e se conhece a projeção sombria da vida (...) existe uma furiosa nostalgia de Cristo. Mas onde só existe um esboço paroquial, pacificado e em ordem com os problemas da Igreja, não existe o Cristo (...) Cristo é um esforço pessoal e uma voz íntima, um combate de cada um" (Cardoso, 1970, p. 245). Só é possível compreender a experiência da graça a partir da percepção da desgraça. Viver é, assim, caminhar beirando o abismo que cada um traz dentro de si mesmo, lidando com o seu próprio céu e o seu próprio inferno (Cardoso, 1970). A crítica cardosiana tinha como alvo uma igreja que perdia progressivamente a noção de pecado e os dramas humanos que o envolvem, mas que em sua alma tiritava incessantemente. É ali, onde grassa o mal, que a misericórdia e a salvação se dispõem.

É sob o peso do mal que não só seus personagens parecem derreter, mas também o próprio escritor. Mas o que é o mal e como ele se manifesta para Lúcio? O mal é entendido como passividade, superficialidade, estabilidade, comodismo, indiferença. Uma alma pacificada, sem grandes dramas e questões, apenas vivendo numa superficialidade esterilizante. Uma alma burguesa. Lúcio parece inverter a lógica demoníaca e inseri-la não no campo do conflito, da dúvida, mas da tranquilidade e da falta das grandes questões humanas. "O diabo, minha filha, não é como você imagina. Não significa a desordem, mas a certeza e a calma", diz padre Justino, num dos trechos da obra máxima de Lúcio Cardoso (2009, p. 291), *Crônica da casa assassinada*. Só a reinstalação do pecado pode trazer ao espírito o lugar onde alguma espécie de salvação se torna possível.

Em outro momento de sua conversa com Dona Ana, o padre exclama:

> Quero reinstalar o pecado na sua consciência, pois há muito que você o baniu do seu espírito, que o trocou definitivamente pela certeza [...] Não há caos, nem luta e nem terror no fundo do seu ser. Quero reinstalar nele a consciência do pecado [...] Minha filha, o abismo dos santos não é um abismo de harmonia, mas uma caverna de paixões em luta.

Sim, os santos, para Lúcio, são aqueles, como afirma em seu *Diário*, que "de todo o gênero humano são os que mais intimamente existem na convivência de Deus, dedicam-se ao martírio, que é a convivência total com todos, com os enganos e a impiedade de todos" (Cardoso, 2009, p. 95).

Não é na quietude, no equilíbrio e na tranquilidade, como podemos notar, que se encontra Deus. Longe disso. Lúcio Cardoso inverte os sinais da experiência de Deus, situando o mal, o *mysterium iniquitatis*, na calmaria das almas resignadas ao mundo. Em outro dos trechos do *Diário* afirma:

> Vou com Fregolente à Barra da Tijuca, onde durante algum tempo, infeliz e sem repouso, viajo através de uma multidão feia, triste e sem nenhuma dúvida profundamente desgraçada [...] O Deus antigo, o Deus do terror e das hecatombes, bem poderia agora esparzir esse sangue bruto ao longo das areias mornas – bem poderia brandir um raio ou soprar uma rajada morna de demência – qualquer coisa finalmente que fizesse sangrar essas almas cativas, tornando-as acordadas e viris. (Cardoso, 1970, p. 142)

Em outro momento diz:

> Tenho visto muitas espécies de católicos desagradáveis – nenhum tão irritante quanto o democrata cristão. É ele o homem do equilíbrio mediano, das virtudes medianas, dos transportes medianos. Em artigo de fé, todos os sentimentos devem ser extremos. À força de imaginarem uma democracia católica, o que é mais ou menos inimaginável, acabam criando um catolicismo democrático, que só pode ser encarado como uma heresia. (Cardoso, 1970, p. 96)

Para Lúcio Cardoso, o divino se encontra na instabilidade, no movimento, na desordem e no caos. O mal, por outro lado, está onde a mansidão se instalou. Refletir sobre uma fenomenologia da santidade em Lúcio Cardoso, é pensar sobre a proximidade do mal como peça fundamental. Experimentar a santidade é fazer a experiência interna da luta, em que as paixões em conflito têm papel central. É na angústia que ela pode ser buscada. Na angústia e nas lágrimas. Sua fenomenologia da santidade toca uma possível teologia das lágrimas, em que estas se tornam elementos purificadores, nos elevando para além de uma vida meramente cerrada na imanência burguesa, pacata e cheia de si.

Por isso seu catolicismo não é nada enquadrado, de marca institucional, adequado e resolvido em seus sacramentos. Mas um catolicismo iconoclasta, autorreflexivo e inquieto. Mergulhado numa inquietude que toca toda a experiência interior – que, como diz Bataille (2009, p. 15), coloca tudo em causa, sem repouso admissível. Lúcio parece caminhar no ambiente de asfixia de uma imanência fechada em si mesma – totalitária, no final das contas –, mas buscando a todo momento colocar sua cabeça para fora desse espaço fechado. É o rosto e a experiência real do transcendente. Não de maneira fácil e banal.

Seu catolicismo não se adéqua facilmente ao seguimento exterior puro e simples da instituição. Em Lúcio há uma crítica religiosa profunda do moderno, e também da Igreja que se moderniza. Por isso, a meu ver, poderíamos pensar em Lúcio como um antimoderno, isto é, um moderno a contragosto.[4] A consciência do pecado parece não fazer Cardoso aderir de maneira simplista e linear à revelação cristã. Ele sempre nos deixa em dúvida para onde pende. A sensação é de que está ali, no limiar entre o trágico e a redenção, sem conseguir se decidir. Deve ser porque a consciência trágica, como nos lembra George Steiner (2003, p. 142), é insuportável para a vida humana. Não permite qualquer lampejo de reparação. Não há *felix culpa*, mas apenas perdição e degredo. Mas Cardoso (*apud* Carelli, 1996, p. 634) deixa a porta aberta e não se deixa ser sorvido totalmente pelo mal: "o Mistério é a única realidade deste mundo. E, se dele temos tão grande necessidade, é para não morrer do conhecimento dos nossos próprios limites, como as criaturas loucas e martirizadas a que tentei dar vida."

REFERÊNCIAS

ADAM, Michel. Prefácio; LAVALLE, Louis. *O mal e o sofrimento*. São Paulo: É Realizações, 2014.

BATAILLE, Georges. *L'expérience intérieure*. Paris: Gallimard, 2009.

BERDIAEV, Nikolai. *Uma nova idade média*. Reflexões sobre os destinos da Rússia e da Europa. Curitiba: Arcádia, 2017.

BORNE, Étienne. *O problema do mal*. Mito, razão e fé. O itinerário de uma investigação. São Paulo: É Realizações, 2014.

BOSI, Alfredo. *História concisa da literatura brasileira*. São Paulo: Cultrix, 2006.

CARDOSO, Lúcio. *Crônica da casa assassinada*. Rio de Janeiro: Civilização Brasileira, 2009.

______. *Diário completo*. Rio de Janeiro: José Olympio/ Instituto Nacional do Livro, 1970.

4 Compagnon (2011, p. 16) afirma que, "historicamente, o modernismo, ou o verdadeiro modernismo, digno desse nome, sempre foi antimoderno, isto é, ambivalente, consciente de si, e viveu a modernidade como uma agonia."

CARELLI, Mario. "Crônica da casa assassinada: a consumação romanesca". In: CARDOSO, Lúcio. *Crônica da casa assassinada*: edição crítica. São Paulo: Scipione Cultural/ALCCA, 1997. p. 625-669.

CARPEAUX, Otto Maria. *História da literatura ocidental*. São Paulo: Leya, 2010.

_____. "Mauriac?". In: CARPEAUX, Otto Maria. *Ensaios reunidos*. 1942-1978. v. 1. Rio de Janeiro: Topbooks, 1999. p. 356-363.

CASTELO, José. "A sinfonia de vozes destoantes de Lúcio Cardoso". In: *Estado de São Paulo*. 15 de janeiro de 2000. p. 75.

CIORAN, Emil. ŒVRES. Paris: Gallimard, 1995.

COMPAGNON, Antoine. *Os antimodernos*. De Joseph de Maistre a Roland Barthes. Belo Horizonte: UFMG, 2011.

DENZINGER, Heinrich; HÜNNERMAN, Peter. *Compêndio dos símbolos, definições e declarações de fé e moral*. São Paulo: Paulinas/Loyola, 2007.

FARIA, Octávio de. *Léon Bloy*. Rio de Janeiro: Gráfica Record Editora, 1968.

_____. "O roteiro de uma tragédia". In: FARIA, Octávio de. *Tragédia burguesa: obra completa*. Organização de Afrânio Coutinho. Rio de Janeiro: Pallas; Brasília: INL, 1985.

Lúcio Cardoso. Disponível em: https://bit.ly/2RED3pW. Acesso em: 25 set. 2018.

MŒLLER, Charles. *Literatura do século XX e cristianismo. O silêncio de Deus*. v. 1. São Paulo: Flamboyant, 1958.

RICOEUR, Paul. *A simbólica do mal*. Lisboa: Edições 70, 2013.

RUFFATO, Luiz. "Orelha". In: CARDOSO, Lúcio. *A luz do subsolo*. Rio de Janeiro: Civilização Brasileira, 2003.

SOUSA, Rafael Batista de. *Um concerto de vozes dissonantes*. O moderno e o arcaico em Crônica da casa assassinada de Lúcio Cardoso. Dissertação de Mestrado. Pós-graduação em Literatura. Universidade de Brasília. Brasília. 2011.

STEINER, George. *Paixão intacta*. Lisboa: Relógio d'água, 2003.

MÁRIO DE ANDRADE LEITOR DE LÚCIO CARDOSO

Leandro Garcia Rodrigues

A biblioteca pessoal de Mário de Andrade, salvaguardada no Instituto de Estudos Brasileiros da Universidade de São Paulo (IEB-USP), possui 17.642 volumes entre livros, periódicos, partituras, folhetos, libretos etc. Resultado de uma vida inteira de buscas entre livreiros, sebos, pesquisa em livrarias, assinatura de revistas nacionais e estrangeiras, bem como recebendo exemplares de amigos e leitores, muitos dos quais por intermédio da sua vasta e complexa correspondência. Grande parte desses volumes possui diversas notas à margem, resultado da sua leitura criteriosa de pesquisador e produtor de conhecimento, sempre atento em aprender/apreender novidades, novos conceitos e ideias, no sentido de formular os seus conceitos, opiniões e teorias, postulados que contribuíram muito (e ainda contribuem) para se pensar o nosso processo modernista. Dou a palavra ao próprio Mário de Andrade, na "Advertência" de seu livro *Namoros com a medicina*:

> Minha maneira de trabalhar é assim: vou lendo, desgraçadamente sem muito método, aquilo que pelo seu autor ou seu assunto me dá gosto, ou responde às perguntas do meu ser muito alastrado. Como desde muito cedo tive memória pouca mas estimo ter resposta pronta às minhas perguntinhas, tomei por hábito virtuoso fichar. (Andrade, 1980, p. 6)

Interessante saber dos objetivos e das razões de Mário para fichar: "ter resposta pronta às minhas perguntinhas". De fato, em alguns exemplares, são vários os comentários de Mário anotados e grafados nas margens das páginas, como testemunhas do seu processo de leitura atenta e minuciosa, provocando as ebulições e metamorfoses da sua criação literária e da sua reflexão crítica. Estamos falando de influências, de aquisição de saberes, de imersão no universo criativo de outros autores e obras, então é Mário de Andrade quem reflete acerca desse intricado mecanismo de recepção e contato alheio:

> Não é possível a gente conceber a formação dum espírito sem influências, fruto unicamente de experiência pessoal porque isso contraria as próprias leis da psicologia. Quanto à originalidade, se historicamente ela é duma importância capital na evolução das artes, ela não tem nenhum valor conceitual na verificação da obra prima. (Andrade, 1976, p. 81)

Daí que podemos afirmar: a constante anotação que Mário fazia à margem dos seus livros é parte deste intricado movimento de aquisição de novos saberes, do seu metabolismo interno e produção de novos conteúdos, para usar as metáforas próprias da antropofagia cultural oswaldiana. Para Telê Ancona Lopez, que há décadas tem pesquisado o arquivo e a biblioteca do polígrafo paulista, o registro da marginália nos livros de Mário de Andrade é parte importante da sua obra, do seu pensamento, inclusive da sua construção estilística e expressiva:

> O livro anotado ganha dupla feição, novo significado. Ao discurso do autor que o escreveu, sobrepõe-se o do leitor, o qual, no caso de Mário, desdobra-se em um segundo trabalho de autoria, dentro da tipologia da marginália sua. O livro anotado é tecido histórico onde convivem sucessivos momentos do passado, pistas do estudo, da crítica, da criação literária e até de dados biográficos. Às anotações reveladoras de um processo de estudo, caracterizadas pelo destaque de um tópico, pela síntese, pela simples indicação, justapõem-se, às vezes em um mesmo livro, trechos com traços à margem ou sublinhados. (Lopez, 1991, p. 434)

"O livro anotado é tecido histórico" – realmente, e enquanto é esse tipo de tecido está suscetível a intervenções, mudanças e apropriações, num constante movimento que obriga a transgredir até mesmo as fronteiras do objeto livro, passando a funcionar como espaço de criação, não apenas de leitura. Dissertando a respeito do costume de Mário de fazer e anotar notas marginais à sua leitura, é interessante a opinião de Luciano Costa Santos:

> Dispondo apenas das margens laterais, superior e inferior da página para desenvolver-se, é próprio da *nota marginal* ser, em geral, tópica e concisa. Tópica, por deter-se nalgum destaque da página – parágrafo, trecho de parágrafo, frase, expressão ou mesmo vocábulo –, dispensando-se de dissertar sobre a estrutura da obra em seu conjunto. E concisa, colhendo em poucas palavras o essencial do que tem a dizer.

> Reduzida às margens, a nota encontra-se destinada a tão somente secundar a obra, comentando ou emendando aspectos, muitas vezes secundários, acrescentando dados, chamando a atenção, com sinais gráficos, para a relevância ou suposto equívoco de certos trechos, enfim, instaurando um *diálogo marginal* do autor das notas com o autor da obra.
>
> Não obstante sua 'marginalidade' física e sua relativa 'secundariedade' de conteúdo, esse diálogo não será de somenos importância para o entendimento do percurso da obra do próprio autor das notas e, nesse sentido, pode ser visto como obra *em si mesmo*, a demandar sua própria chave de leitura. Para tanto, cumpre tomar as notas em seu conjunto e verificar se daí ressaem núcleos conceptivos que contribuam para enriquecer a compreensão do pensamento de seu autor. (Santos, 2009, p. 48-49)

Fica clara a importância dessa produção intelectual – à margem – que Mário de Andrade e outros escritores tiveram, fornecendo aos atuais estudos literários a oportunidade de (re)pensar a sua obra e o seu pensamento, trazendo à luz o outro lado do "Mário leitor" que tanto transformou o "Mário autor".

***

Mário de Andrade foi um atento leitor de Lúcio Cardoso, tanto que há vários exemplares dos livros de Lúcio na biblioteca de Mário – a maioria com anotações do processo de leitura do autor de *Macunaíma*. O objetivo desta investigação é justamente localizar esses livros e levantar esses apontamentos, não fazendo uma interpretação crítica deles, apenas o registro.

Para tal, do ponto de vista metodológico, identifiquei todos os títulos de Lúcio Cardoso na Biblioteca Mário de Andrade, identificando os dados técnicos de cada um – título, ano de publicação, editora etc. Lembrando que as palavras não compreendidas na transcrição foram indicadas pela construção "[...]".[1] Do ponto de vista crítico, será ressaltada existência ou não de dedicatória de Lúcio a Mário, bem como a marginália fruto da leitura de Mário, tudo transcrito fidedignamente em relação ao texto original. Em relação às notas marginais de Mário, será indicada a página do respectivo livro lido e anotado, como

1 O motivo para a não compreensão de determinadas palavras se deu, principalmente, pelo fato de que Mário escreveu todas estas notas a lápis, nunca à caneta, o que provoca um consequente apagamento da grafia com o passar do tempo. Em outros momentos, Mário escreveu até o limite final da folha, e algumas destas se deterioraram, rasgando-se com o movimento natural de folheamento das páginas, o que também dificultou a transcrição de alguns termos.

também indicarei se Mário sublinhou determinada palavra, expressão ou mesmo parágrafo que motivou o seu comentário e análise.

Maleita (Rio de Janeiro: Schmidt Editor, 1934).
Dedicatória: "A Mário de Andrade / oferece / Lúcio Cardoso / Agosto, 34"
Obs.: não contém marginália.

Salgueiro (Rio de Janeiro: Livraria José Olympio Editora, 1935).
Dedicatória: "A Mário de Andrade / com um abraço do / Lúcio Cardoso / Rio – 35"
Obs.: não contém marginália.

A luz no subsolo (Rio de Janeiro: Livraria José Olympio Editora, 1936).
Dedicatória: "Ao / Mário de Andrade, / com admiração do / Lúcio Cardoso"
Obs.: não contém marginália.

Mãos Vazias (Rio de Janeiro: Livraria José Olympio Editora, 1938).
Dedicatória: "A Mário de Andrade / com um abraço cordial / do / Lúcio Cardoso / Rio, 39"
Marginália: p. 67: "Parece improvável que a própria vulgaridade de Felipe lhe permitisse dormir neste resto de noite. Aliás, a psicologia de Felipe parece criada em função da psicologia de Ida, como uma antítese fácil. Ele só age de certas formas pra que Ida possa agir como o poeta a imaginou e a quer agindo. Não há interdependência de ação, mas dependência funcional, muito empírica, muito sem veracidade."
Obs.: Mário começou a escrever esta nota na página 67 e a terminou na página 66, demarcando esta mudança através de uma linha reta de uma folha à outra, de trás para a frente.

Histórias da Lagoa Grande (Porto Alegre: Globo, 1939).
Obs.: neste exemplar não há dedicatória e nem marginália.

O desconhecido (Rio de Janeiro: Livraria José Olympio Editora, 1940).
Dedicatória: "Ao Mário de Andrade, / com o abraço de sempre, / oferece o / Lúcio Cardoso / Rio, 1940."
Marginália: p. 16: "(1) Mas já era noite, tudo escuro, a lanterna longe..."
p. 17: "(1) Mas a lanterna era do lado de fora e as janelas da caleça tinham veludos que as tapavam..."

p. 28: "(1) Praquê este popularismo se todos estão falando um português... clássico?" [Obs.: este comentário foi redigido após Mário ter sublinhado, a lápis, a expressão "Botei ela"].
p. 29: "(1) Não sei... o A. está procurando obter uma ambiência de terror e mistério, mas faz isso por meio de imagens estereotipadas (noite, chuva, ventania, latidos em rumor "prolongado", desconhecidos, coisas de antanho) e qualificativos (obscura, estarrecido etc). Não consegue obter mais que um falso ambiente, desvigorado, plúmbeo, monótono!"
p. 70: "(1) Como 'na noite anterior' si na p. 68 a sineta do jantar era um dos ruídos 'que se iam tornando familiares' a ele!" [Obs.: este comentário foi redigido após Mário ter sublinhado, a lápis, a expressão "na noite anterior", no último parágrafo desta mesma página].
p. 98: "Mas em que lugar do mundo nós estamos! Há um lugarejo com capela e um padre, logo é paróquia no mínimo. E não tem polícia? delegado? Que mistério besta, que tenebrosidades fúteis, infantis!"
p. 100: "fundo do carro é o lugar principal. Onde sentava Aurélia então?" [Obs.: este comentário foi redigido após Mário ter sublinhado, a lápis, a expressão "fundo carro", no primeiro parágrafo desta mesma página].
p. 103: "a caleça tem dois fundos..." [Obs.: este comentário foi redigido após Mário ter sublinhado, a lápis, a expressão "no fundo da caleça", no sexto parágrafo desta mesma página].
p. 107: "Puxa! Numa maleta única ele ainda guardava a cartilha da infância!"
p. 108: "Aliás, o livro está cheio de lugares comuns." [Obs.: este comentário foi redigido após Mário ter sublinhado, a lápis, a expressão "O vento lá fora vergastava", no último parágrafo desta mesma página].
p. 120: "(1) Contradição. Já [...] capítulo atrás Paulo lhe deu a sensação do amigo. Por sinal que Amigo com maiúscula."
p. 135: "Um cocheiro importante, erudito mesmo pra ter tantas ideias e [...] com sutileza..."

Poesias (Rio de Janeiro: Livraria José Olympio Editora, 1941).
Dedicatória: "Ao Mário de Andrade, / com um cordial abraço / do / Lúcio Cardoso / Rio, 1941"
Marginália: p. 48: "Um dos mais perfeitos e belos poemas brasileiros."
Obs.: Mário escreveu este comentário a respeito do poema "Rosa Vermelha".
Dias perdidos (Rio de Janeiro: Livraria José Olympio Editora, 1943).

Dedicatória: "A / Mário de Andrade, / com a estima e admira- / ção do / Lúcio Cardoso / Rio, 1943"
Marginália: p. 15: Mário sublinhou, a lápis, o seguinte trecho: "Mas obscuramente ela conservava a intuição de que era essa felicidade mesma que ele odiava."
p. 17: Mário sublinhou, a lápis, o seguinte trecho: "ela ousava aprofundar um pouco mais as suas investigações."
p. 22: "De vez em quando uns descaídos assim familiarescos de observação, no meio de alta tensão anti-realista e anti-explicativa". [Obs.: este comentário foi redigido após Mário ter sublinhado, a lápis, a expressão "Aliás sabia com quem estava tratando", no último parágrafo desta mesma página].
p. 73: "(1) Não é o estilo que é ruim, propriamente: não há estilo nenhum. A linguagem é um balbucio lerdo e bronco que o pensamento se exprime sem a menor organização técnica. A não ser a gramática."
p. 116: "(1) Enfim, este mundo é um inferno. Mas que inferno mais achado!..."

Inácio (Rio de Janeiro: Editora Ocidente, 1944).
Dedicatória: "A / Mário de Andrade, / com muita estima e / admiração, oferece / Lúcio Cardoso / Rio, Dez. 44"
Obs.: não contém marginália.

REFERÊNCIAS

ANDRADE, Mário de. "Influências". In: LOPEZ, Telê Ancona. *Táxi e crônicas no Diário Nacional*. São Paulo: Duas Cidades, 1976.

_____. *Namoros com a medicina*. São Paulo/ Belo Horizonte: Martins/ Itatiaia, 1980.

ARQUIVO MÁRIO DE ANDRADE. Instituto de Estudos Brasileiros da Universidade de São Paulo.

BIBLIOTECA MÁRIO DE ANDRADE. Instituto de Estudos Brasileiros da Universidade de São Paulo.

LOPEZ, Telê Ancona. "Matrizes/Marginália/Manuscritos". In: *Literatura e Memória Cultural*. Anais do 2º. Congresso ABRALIC. Belo Horizonte: ABRALIC, 1991, p. 434.

RODRIGUES, Leandro Garcia (org.). *Correspondência Mário de Andrade & Alceu Amoroso Lima*. São Paulo: EDUSP/PUC-Rio, 2018.

SANTOS, Luciano Costa. "Mário-Alceu: um diálogo marginal (Mário de Andrade leitor de Alceu Amoroso Lima)". In: *Revista do Instituto de Estudos Brasileiros* – RIEB. São Pulo, USP, número 49, mar./set., 2009.

O CÃO E O CRUCIFIXO: LÚCIO CARDOSO E A PROSA MODERNA

Valéria Lamego

Lúcio Cardoso faz parte de uma tradição carioca nada convencional: a tradição da ruptura sociocultural. Entre os anos 1920 e 1950, foram muitas as formas, e em vários âmbitos da cultura e da sociedade, de rompimento com o falso equilíbrio social e cultural conservador da Primeira República. Nascido em 1912 em Curvelo, interior de Minas Gerais, consagrou-se na vida social como filho dileto de uma Ipanema rebelde e transgressora, bairro do Rio de Janeiro onde passou boa parte de sua vida adulta. Era amante de Paquetá, ilha na baía de Guanabara à qual dedica muitas crônicas e contos, afilhado do subúrbio carioca e, sem dúvida, parceiro dos bares mais conhecidos da cidade entre os anos 1930 e 1960. Lúcio pertenceu a um mundo que desaparece todos os dias e cada vez mais rápido. Um mundo quase fantasma. E esse mundo só não sucumbe definitivamente porque estamos aqui, hoje,[1] reunidos para acrescentar mais vida à sua memória, à sua fortuna crítica e, sobretudo, à sua literatura.

Para falar dos contos e das crônicas de Lúcio Cardoso, retomaremos um pouco esse personagem urbano carioca. Foi nos bares que o escritor rabiscou parte de sua obra. Na Casa Pardellas, a rainha do uísque, como dizia o *slogan*, escreveu longos bilhetes e redigiu uma resenha[2] inteira sobre o livro *A maçã no escuro*, de Clarice Lispector. Escreveu no verso do bloco das notas fiscais, em que, aliás, rabiscava e estruturava seus poemas após doses generosas de

1 Este artigo foi produzido para a conferência "O cão e o crucifixo: Lúcio Cardoso e o conto moderno", apresentada no auditório da Faculdade de Letras da Universidade Federal de Minas Gerais (UFMG), em 14 de setembro de 2018.

2 Esse manuscrito encontra-se no Acervo Lúcio Cardoso na Fundação Casa de Rui Barbosa.

uísque e vinho branco. A crítica ao livro de Clarice foi escrita com letra firme, com clareza e sem rasura no verso do bloco em 1961.

Em uma entrevista de 1959 dada à jornalista Ismênia Dantas, do *Diário Carioca*, foi taxativo: "Sou um lírico que prefere ser citado como frequentador do Bar Veloso do que como candidato à Academia Brasileira de Letras." É com esse tipo de transgressão que Lúcio desafiava o *status quo*, desde suas regras mais simplórias até suas estruturas sociais mais complexas.

Nas décadas de 1950 a 1960, a imprensa repetia como música de realejo que não seria coerente escrever ou falar sobre Lúcio Cardoso sem mencionar os bares e Minas Gerais. Ele era um escritor que frequentava bares, muitos. Seria também impensável escrever sobre ele de maneira mais biográfica sem lembrar Ipanema. E iríamos ainda mais longe: a Ipanema da contracultura não existiria se antes dela não houvesse Lúcio.

No bairro ícone da zona Sul carioca, o Veloso era um de seus lugares prediletos, mas havia também o Bar Lagoa, em cujo apartamento logo acima morou, o Vermelhinho, no Centro, o Juca's, os bares da Casa Pardellas, que eram três, sendo um deles o Villarino, que resiste no mesmo lugar, na Avenida Calógeras. Havia ainda o Siri e a Taberna Bar Lorde, na Lapa, além de tantos outros registrados em suas crônicas, fotografias e memórias. O Rio de Janeiro, como seus bares, foi o cenário e o parceiro de crime de Lúcio Cardoso (1970, p. 140-141): "Tenho o Rio de Janeiro nas minhas veias como uma doença", anotava em seu *Diário*.[3]

A dedicação aos contos e às crônicas sobre a relação entre a vida criminosa e a vida urbana do Rio de Janeiro marcou um período de quase dez anos na vida do escritor (entre as décadas de 1940 e 1950). Nesses anos, Lúcio não publicou romance ou novela. O próprio autor, entretanto, deu pouquíssima atenção à sua produção, apesar do volume e dos muitos anos que levou envolvido com a cidade, seus modos, habitantes e crimes. Simultaneamente, é nesse período que o romance *Crônica da casa assassinada* estava em ebulição, sendo cozido nesse denso magma de personagens anônimos, vivendo suas aflições e conflitos, andando pelas sombras da violência urbana, familiar e cotidiana.

---

3 Existem três versões editadas do *Diário*. A primeira publicada pela Elo, no Rio de Janeiro, intitulada *Diário I*. A segunda, *Diário Completo*, da Livraria José Olympio, de 1970, portanto *in memorian*. E, a mais recente, organizada por Ésio Macedo, chamada *Diários*, de 2012. Neste artigo usamos a edição de 1970 organizada pelo próprio Lúcio e pelo seu amigo Octávio de Faria.

Em 2011, descobri que Lúcio havia escrito cerca de trezentas crônicas especificamente sobre o crime no Rio de Janeiro[4] e mais de vinte contos completamente desconhecidos.[5] Lúcio sonhava com crimes. E os via por toda parte. O fio condutor dessa descoberta é o *Diário*, documento de memória de enorme significado para a obra do autor e para o momento literário e social em que ele se insere.

O *Diário*, que se inicia em 1949 e vai até 1961, é a principal chave para revelar esse universo. Como escreveu Benjamin (1989, p. 78), referindo-se a Baudelaire: "Os poetas encontram o lixo da sociedade nas ruas e no próprio lixo o seu assunto heroico. (...) Tudo que a cidade grande jogou fora, tudo que ela perdeu, tudo o que desprezou, tudo que destruiu é reunido e registrado por eles."

Como grande artífice da literatura, seu único compromisso com o real era o gesto de sua escrita, entendida como o registro também de sua experiência e de sua coleção de tipos e situações. Embora nessas crônicas o autor lidasse com os tipos mais simples e com as situações por vezes esperadas e cotidianas, ele as lançava a uma órbita fora do alcance ordinário. O mundo real o infernizava, atiçando sua curiosidade para além da vida comezinha. E foi por causa desse mundo que aceitou escrever diariamente as colunas "Crime do dia" e "Novelinha do dia-a-dia" a partir de 1952.

O jornalismo, no entanto, era um empecilho para sua literatura e um modo de permanecer longe de sua escrita, reclamava no *Diário*. Mas foi nos jornais que encontrou também a sobrevivência material e imediata. "Nada existe de mais atroz para o escritor do que a necessidade de ganhar o seu sustento com as próprias mãos. É uma dupla condenação ao cativeiro", escreveu em 1955.

Quando se tornou o colunista de *A Noite*, em abril de 1952, Lúcio poderia ser considerado um escritor com alguma fama. Com mais de uma dezena de romances e novelas publicados, era seguido não só por uma horda de leitores, mas também pelos fãs, os "lucistas", como apelidava sua irmã Maria Helena. Desde o lançamento de *Maleita*, em 1934, havia preenchido páginas e mais páginas de jornal com críticas a seus livros, polêmicas e contos que beiravam o fantástico. Lúcio Cardoso, nesse momento, tinha

---

4 O assunto foi tratado em Lamego (2013).

5 Esses contos redundaram na coletânea *Contos da ilha e do continente de Lúcio Cardoso* (Organização de Valéria Lamego. Rio de Janeiro: Civilização Brasileira, 2012).

apenas 22 anos de idade e, desde sua estreia, conhecia o debate e a polêmica por meio dos jornais.

Com suas duas primeiras novelas, de caráter regionalista: *Maleita*, rejeitada por ele anos depois, e *Salgueiro*, de 1935, angariou a antipatia dos comunistas, que o tacharam imediatamente de catolizante, e dos regionalistas, por considerarem o livro pouco social.

Embora *Maleita* tratasse de temas sociais, como a luta de um grupo de trabalhadores rurais em torno da malária, não preenchia, segundo a crítica da esquerda, critérios para ser considerado suficientemente social. Na obra, o autor introduz uma ideia em descompasso com as crenças sociais do período: o fracasso como aliado humano. A luta entre um mundo civilizado e um mundo cheio de dúvidas e desesperos é a questão central na obra. As críticas, em parte, vieram de sua decisão de apontar e aceitar o fracasso e da ideia de rendição a um Deus apaziguador como saída social possível.

Jorge Amado, na época tão jovem quanto Lúcio, viu no romance uma tendência religiosa, um livro "cheio de catolicismo". As críticas que o autor baiano fez ao romance são contundentes: "romance de simples literatura", "romance para divertir leitores gordos e ricos", "romance com hálito de poesia". E a mais grave: "catolizante" (Amado, 1934, p. 1). Ser um escritor católico, nos anos 1930, era uma postura política. Além do modernismo continuador, sem rupturas, pregado por Alceu Amoroso Lima – o grande crítico católico –, o grupo literorreligioso era contrário a toda filosofia de vanguarda empreendida pela Semana de 1922, que supunha o total rompimento com a estética dos movimentos anteriores. Os anos 1930 foram marcados por essas diferenças ideológicas, oposições estéticas e filosóficas que dividiram o cenário da literatura brasileira (Bueno, 2006). Em 1934, ter um livro tachado de catolizante soava como uma forte acusação e poderia ser desestabilizador para um jovem escritor. No mesmo período, o editor e poeta Augusto Schmidt suprimiu o nome "católica" de sua livraria, que, antes de se chamar "Schmidt Livraria e Editora", era "Livraria Católica".[6] Com o novo nome, pôde apostar tanto na literatura e em ensaios de conservadores quanto na nova safra de autores preocupados com questões sociais, como Amado.

O final da década de 1930 foi conturbado para o jovem Lúcio: frustração com a crítica, dois livros renegados e uma intensa campanha defensiva. Após o período, Cardoso inicia a década de 1940 com a publicação das novelas *Céu*

6 Sobre o assunto, ver Hallewell (2005).

escuro e *O desconhecido*. Em 1943, é a vez de ser lançado o romance *Dias perdidos*, considerado autobiográfico. Mas é em 1944, entretanto, que surge *Inácio*, sua primeira obra de cunho fantástico, inaugurando uma fase denominada "satânica" pelo estudioso Mario Carelli (1988). Na sequência, escreve *O enfeitiçado*, cuja publicação só ocorreria em 1954, quase uma década depois. É nesse período, dos anos 1940, que dá início à sua escrita periódica nos jornais. É quando também deixa transparecer seu desejo de ter as novelas "satânicas" continuadas numa trilogia. Mas uma das marcas desse período na vida e na obra literária de Lúcio é um longo silêncio. Somente em 1959 ele ressurge com um livro realmente novo: *Crônica da casa assassinada*. Como ele próprio explica a seu editor da José Olympio, Daniel Pereira, em carta de maio de 1954, a *Crônica* não faz parte do universo do mundo demoníaco de *Inácio* e *O enfeitiçado*. Com ela, retoma o drama familiar, das inter-relações e dos jogos de poder, numa narrativa verossímil, dentro da perspectiva cardosiana, e não de um romance social. Na carta ao editor, lamenta os anos de inatividade e vê a perspectiva de publicar pelo menos um de seus três livros para recuperar o tempo perdido.

Mas o que fez Lúcio Cardoso nesses anos de "inatividade"? É quando se dá um capítulo pouco conhecido de sua história: a enorme produção de contos e crônicas. A obsessão com o crime vem de longe e perpetua-se nas páginas do *Diário* muito antes de ele se tornar o cronista de *A Noite*. E muito antes até de se tornar jornalista. Do final da década de 1940 e ao início da de 1950, o escritor passou anotando, analisando e selecionando crimes noticiados na imprensa. Indagava-se constantemente sobre a origem da maldade. A ideia do crime, no entanto, era por ele considerada algo mais significativo do que o *faits divers* que selecionava e comentava em seu *Diário*. Aproximava o crime e a maldade de uma forma de epidemia moral presente em "um sistema uniformizador que reduz, corta e planifica os alicerces fundamentais da existência humana". Quais seriam, entretanto, esses alicerces? Ao analisar a obra de Jean Genet, escreve em seu *Diário*: "curiosa, a ideia de preservação de valores fundamentais do homem através do mal. Genet é um sintoma vivo, um grito de repulsa, de violência e de audácia contra esse sistema uniformizador" (Cardoso, 1970, p. 195).

Genet e Dostoiévski são escritores com quem dialoga em seu *Diário* em busca de entendimento sobre a maldade e sua irrelevância naqueles tempos. Buscou também na religião algumas respostas, nem sempre encontradas. Uma das ideias presentes na obra de Lúcio é a da alternância quase pendular entre a ausência e a presença de Deus, o bem, o mal e um mundo de impossibilidades.

É desse profundo mal-estar moderno que é feita a obra cardosiana, ou seja, a partir da fratura, do desconcerto de um mundo conservador a partir do assentamento de novas possibilidades. "Todo o meu ser é uma aventura impossível de sonho e extermínio", diz. A maldade, o crime e as paixões estão em constante conflito com a consciência, a fé e o Cristo. Surge dessa inquietude o contista moderno, um homem em dúvida permanente, abismado diante da instabilidade do mundo contemporâneo.

Tocar o solo cotidiano da imprensa e do crime foi uma experiência radical na vida do escritor. Em grande estilo, estreia sua coluna "Crime do dia", em 2 de abril de 1952. O jornal estampa a novidade entre suas manchetes de capa, com direito a foto de seu mais novo colunista. A primeira crônica foi "Assassino por engano", sobre a tragédia de um jovem morto por um homem atormentado com a repentina gravidez da filha. Nas primeiras colunas, os personagens eram decalcados do cotidiano da reportagem policial. Com o passar dos meses, as histórias ganham autonomia e afastam-se do mundo objetivo e dicotômico do crime.

A coluna foi pensada para um leitor específico, e alguns ingredientes foram indispensáveis para capturá-lo: os triângulos amorosos e os crimes passionais. *A Noite* era um periódico do quadro de jornais encampados pelo Estado Novo na década de 1940. Com os novos tempos e a falta de investimento do governo na imprensa estatal, a administração do jornal vê seus rendimentos diminuírem à medida que o governo Vargas perde prestígio. Um fator externo, no entanto, foi o maior responsável pela criação da coluna e, sobretudo, pela busca de Lúcio Cardoso para conduzi-la.

Um ano antes, em 1951, surgia um dos projetos mais ambiciosos de jornal popular da capital: o Última Hora, de Samuel Wainer. Entre seus colaboradores, destacava-se Nelson Rodrigues, que havia estreado no periódico em 17 de setembro de 1951 com a coluna "Atirem a primeira pedra". A descrição da coluna de Lúcio poderia ser aplicada à da coluna de Nelson, que, dois meses após sua estreia, mudaria o título para "A vida como ela é".

A coluna de Nelson Rodrigues foi um sucesso estrondoso, e suas histórias ocuparam o imaginário da classe média urbana, com paixões e erotismo, triângulos amorosos, crimes e outras picardias, consagrando o estereótipo suburbano carioca. Nelson vinha de muitos outros sucessos na imprensa, como o folhetim que assinava como Suzana Flag em *O Cruzeiro*, e de peças de teatro. Mas com a coluna foi diferente. Incendiou a cidade. A coluna de Lúcio, no primeiro momento, trouxe aqui e ali ingredientes de "A vida como ela é", mas, aos poucos, ganhou autonomia e uma linguagem própria.

Lúcio e Nelson estavam à frente de um mesmo desafio: chegar às classes populares por meio das histórias cotidianas reinventadas a partir do desvelo do moralismo latente, do machismo e do conservadorismo social em face dos novos costumes que se popularizavam. O fato é que Nelson, jornalista tarimbado, conseguiu, com sua linguagem e seu vívido interesse pelo inusitado, invadir o imaginário carioca com as ousadas narrativas da intimidade de seus personagens suburbanos, quase sempre numa leitura moralista.

Lúcio e Nelson nasceram no mesmo ano, em 1912 – como Jorge Amado –, e construíram trajetórias intelectuais e literárias opostas, porém convergentes de alguma forma. Não era a primeira vez que disputavam o mesmo espaço. Se Nelson atacava os "pederastas", como dizia, em suas crises de obscurantismo, Lúcio se assumia homossexual em seu *Diário*. Se Nelson desejava ser um grande romancista, foi Lúcio quem se tornou o grande escritor. Mas ambos tinham como matéria-prima o subsolo das relações humanas e suas ânsias.

Como romancista, Lúcio exercia total controle sobre seus personagens, sobre seus atos e até sobre suas aparições em cena. Em seus rascunhos depositados no Arquivo de Literatura da Fundação Casa de Rui Barbosa, podemos ver como montava cada personagem, estudando desde o gestual até a psicologia. Não há acaso, nem inspiração predominante em seus romances. Há muito estudo e controle. De certa maneira, esse foi o modo que encontrou para manter sob seu domínio uma coerência estilística e conceitual. Até certas sombras – há muitas sombras em sua obra – passavam por um estudo prévio e designavam perfeitamente um significado para as ações humanas que queria projetar. Não estava em seus planos literários descer ao rés do chão. Mas, na coluna do jornal, não havia tempo e espaço para aprofundamentos.

***

A Noite era um diário popular, de dezesseis páginas, voltado para a pequena burguesia. Diariamente, mais de uma notícia sobre crime era estampada em sua primeira página.

Eram frequentes títulos como "Já pescou 22 cadáveres na Guanabara", "Assassínio da Lua Cheia" e "Tirou fotografias antes de estrangular a jovem". O assunto crime ocupava pelo menos duas páginas, a 2 e a 12, nas quais era localizada sua coluna. O escritor teve de abrir mão de seus planos literários extremamente organizados e estudados. As histórias saíam direto da máquina de escrever para o clichê do jornal. Não passavam pela escrita manual e, com isso, ganhavam um discurso objetivo, urgente, sem as tantas nuances e sombras típicas de sua narrativa.

Para o jornalista Souza Dantas, um dos poucos contemporâneos a escrever sobre essa passagem da vida de Lúcio,

> [...] ele não se afastava, nessas crônicas diárias, de certo clima de seus livros maiores. Misturavam-se, na prosa com que enchia duas compactas colunas de *A Noite*, realismo e poesia, predominando os casos de paixão desatinada, pelos quais experimentava enorme fascínio. Levou, para a atividade jornalística, as vivências das noites passadas em claro, em contato com toda uma fauna madrugadora, que ele costumava ouvir de coração aberto. (Dantas, s.d.)

Raymundo de Souza Dantas foi o único contemporâneo de Lúcio, dos tempos de *A Noite*, a relembrar as colunas de crime que o escritor produziu naqueles anos 1952 e 1953. Nas páginas do jornal, Lúcio dava vida ou a renovava a partir de seu próprio enredo ficcional. As histórias de mulheres e homens sem qualidades e, contraditoriamente, cheios delas foram contadas em 265 crônicas. Nesse período, revelou crimes, fossem eles latrocínios, homicídios, suicídios, crimes por acaso, por erro ou por pressa.

Eram crimes cometidos por indivíduos que pertenciam à nova configuração social e econômica que surgiu nos anos 1950, no pós-guerra. Embora os papéis sociais fossem marcados pelas fortes diferenças de gênero, pelo machismo exacerbado e pela divisão de classe e trabalho, Lúcio fez um recorte muito especial da cidade e de seus habitantes. Espelhava sua coluna na nova onda comportamental, que varria, sobretudo, a pequena classe média urbana. Seus leitores eram os mesmos das revistas ilustradas que alimentavam um sonho de consumo visto pela primeira vez no país. Era o modelo americano de carros e refrigerantes que chegava ao Brasil.

Aproveitando-se de sua arguta observação, deu a esses personagens mais do que a simples transposição da realidade para a ficção. Questões jamais abordadas de maneira tão objetiva em seus romances foram reveladas nesses textos. O escritor estava em contato com as notícias policiais do jornal, em que a vida humana era narrada a partir do espetáculo do sofrimento, da perda e do esvaziamento do indivíduo em função da fábula e da moral da história. Em sua nova função de cronista policial, era imperioso produzir diariamente uma média de 8 mil caracteres por dia. Um conto, uma crônica por dia, com início, meio e fim, enredo completo. E, claro, sem perder o efeito único[7] que faz uma história banal ganhar recursos para manter no leitor uma expectativa crescente até o auge e o fim.

Em suas crônicas, registrou diversas partes do Rio e de cidades da Baixada Fluminense. Citou a Lapa, Nova Iguaçu, Paquetá, o morro do Salgueiro, o Centro da cidade, Leblon e Ipanema. Evocou um Rio de Janeiro de pensões e das primeiras lojas de departamento (Casa Sloper, Sears), de restaurantes famosos, como a Confeitaria Colombo, e das ruas centrais, como a do Ouvidor e a Gonçalves Dias. Expôs seus personagens ao racismo e ao machismo da época, e também à sua própria misoginia, acentuada na maioria dos textos. As mulheres tornavam-se assassinas por futilidade ou tédio, como ocorrido em "O crime da praia", "Os alfinetes de prata", "O poço", entre várias outras crônicas. Os homens matavam por descontrole ou por ciúme, como em "O açougue", "O vestido de baile" ou "O monstro de olhos verdes".

Entre os temas mais recorrentes estão o crime passional, os triângulos amorosos, a mulher, a cidade, o trabalho, o sexo, o misticismo, a Igreja Católica, a violência sexual e, curiosamente, a presença dos estrangeiros, fossem eles ciganos ou judeu-europeus que haviam se refugiado na cidade durante a guerra. A enorme galeria de tipos incluía ainda malandros, usurpadores, garotos assassinos, garotos de programa, padres e profanadores, mulheres traiçoeiras e sofredoras.

Surgia, na prosa do escritor, pela primeira vez, a vida íntima de trabalhadores humildes. Nesses textos, há uma ênfase muito maior no trabalho do que em seus romances: são costureiras, relojoeiros, empregadas domésticas, pequenos comerciantes que enfileiram as histórias. Em nosso conto emblemático – se ele existisse –, a mulher seria a protagonista, uma vez que 80% das histórias têm mulheres como personagens principais. A morte não era o fim de todos os crimes, mas, sim, a loucura, o sexo, o triângulo amoroso ou a doença. Outro tema bastante divulgado em seus romances surge na maior parte das crônicas: o fracasso, que disputa a primazia com a morte.

O crime passional é um dos tópicos mais abordados nos enredos das crônicas. Em seguida, vem o gênero policial, com os ingredientes da dúvida, do suspense,

7 Técnica narrativa preconizada por Edgar Allan Poe no século XIX. O efeito único ou o efeito singular define a narrativa moderna dos contos policiais e de suspense. Nessa técnica, todo o esforço do autor está na tentativa exclusiva de conduzir o leitor, do início ao fim da história, à revelação do enigma proposto. Poe, segundo Cortázar, criou, a partir de sua engenhosidade narrativa, uma verdadeira "máquina literária de interesse" (ver Gotlib, 2000, p. 34).

da perseguição, da análise e da revelação. O cenário, como previamos, é majoritariamente urbano, tendo o mar, as praias e as ilhas, sobretudo Paquetá, como um lugar especial. Em nossa leitura, sobressaíram alguns aspectos. O primeiro, certo memorialismo melancólico de histórias de uma infância anônima, como no poético "A casa", em que um jovem retorna ao local de infância quando não há mais ninguém à sua espera. Um segundo tema que merece ser destacado é a inserção do ambiente físico religioso, não só o católico, com suas igrejas e conventos. Lúcio trouxe também histórias que se passam em terreiros de umbanda e candomblé.

Além dos religiosos, há a presença frequente de místicos e videntes. "O profanador", de 16 de junho de 1952, por exemplo, é um exemplo de crônica em que o efeito único é usado com destreza pelo autor. Na história, um padre torna-se assassino para defender a igreja de um jovem líder de uma gangue de rua que resolve invadir a sacristia e roubar o cálice de ouro. O medo do castigo divino divide o grupo e paralisa a gangue, mas o líder, invencível, sobe os degraus e ergue a taça de ouro ainda com vinho, morrendo pelas mãos do clérigo. Vejamos um trecho:

> Avançou, como um sinal para que a turma o seguisse, mas ninguém ousava dar um passo. Ele voltou-se, as feições contraídas – amava aqueles grandes lances, as repudias e a imposição final da sua vontade. Dois ou três rapazes, subjugados, deram alguns passos. Então bradou:
>
> – Covardes! Vocês vão ver como se age...
>
> Avançou para o altar-mor, uma vela nas mãos. Reflexos de ouro cintilavam à sua passagem – toda uma vida estranha e efêmera fazia palpitar as imagens. Um morcego irrompeu de uma das pequenas janelas e mergulhou cegamente no espaço livre da nave. Ernesto, sem hesitar, chegou ao último degrau, estendeu a mão, abriu o tabernáculo e se apossou do cálice. Voltou-se, e, durante um minuto, o objeto refulgiu na semiescuridão:
>
> – Ainda há resto de vinho, pessoal... – exclamou.
>
> E levou o cálice aos lábios. Neste momento, trêmulo, o cobertor escorrendo-lhe aos pés, o vigário atirou! O estampido reboou surdamente pela igreja. Ernesto ainda ergueu o cálice, que chispou um minuto, tombou de suas mãos, rolou até embaixo. Ferido, ele procurou apoiar-se ao altar, mas o tiro fora mortal, e ele rolou, arrastando a toalha na queda.
>
> Paralisados, os rapazes contemplavam a cena – e, então, no silêncio onde só se ouviu o estertor do agonizante, o padre avançou, empunhando ainda a arma vingadora. (Lamego, 2013)

O ambiente clerical é cenário de muitas crônicas, em que sobressai uma disputa entre o mundo religioso, conservador, e o mundo social, urbano, externo à vida religiosa, portanto, o mundo moderno. Uma disputa sempre travada com violência. Ainda no ambiente religioso, Lúcio coloca em questão dois tabus: a homossexualidade e o suicídio. Desloca, com isso, possíveis comportamentos do mundo moderno para o cerne do mundo conservador da Igreja, assumindo o desconforto da modernidade a partir da dessacralização do ambiente clerical pelas mãos dos próprios religiosos.

Na pequena história, uma freira é tomada de ódio quando se depara, talvez fantasiosamente, com o amor de duas alunas. O desespero das duas meninas com a descoberta e a ira da religiosa transforma o conto "Orfanato", de 13 de maio de 1953, em uma das histórias mais contemporâneas da extensa lista. Aqui, ele não segue mais a receita anterior de retirar da realidade do noticiário suas histórias; ao contrário, cria uma realidade em que alguns valores são colocados em questão e em debate por meio da ficção. Vejamos um trecho, em que uma freira fala para outra:

> – Coisas muito graves se passaram ontem aqui...
>
> E numa linguagem obscura, sibilina, referiu-se a qualquer crime monstruoso e secreto, cometido por duas meninas – e todos os olhares, como se traduzissem através de suas palavras a condenação das colegas visadas, voltavam-se implacáveis para Stela e Sofia, esta última trêmula e pálida, os olhos baixos como se reconhecesse toda a extensão da culpa. (Lamego, 2013)

O ambiente do orfanato, como local de confinamento e repressão, surge em mais de um texto. No segundo conto, também chamado "Orfanato",[8] a jovem protagonista vê na morte de uma das internas uma beleza maior do que a vida e decide organizar sua própria morte com calma e resolução. Nessa crônica, o autor apresenta o suicídio como um gesto metódico e apaziguador diante da realidade sufocante dos ambientes religiosos *versus* as demandas do mundo contemporâneo.

São muitos os tipos criados pelo escritor e as situações que envolvem o gênero feminino. Mortes trágicas ("O açougueiro"), seduções fáceis, ciúme masculino que redunda em morte ("O vestido de baile", "O monstro de olhos verdes"), repressão ("Orfanato") e violência fazem parte do universo dessas mulheres, além da propalada disputa e intriga femininas ("Os alfinetes de prata"). Não é confortável o lugar feminino na obra de Lúcio Cardoso; basta

---

8 Lúcio repetiu o título em vários contos. Encontramos os seguintes títulos em duplicata: "A casa", "Um caso banal", "O noivo", "Orfanato", "Acidente" e "O passageiro".

relembrarmos algumas de suas personagens marcantes em seus romances, como Nina, de *Crônica da casa assassinada*, ou Adélia, de *O enfeitiçado*. A primeira, uma mulher forte, cuja modernidade é incompreendida pelo clã rural tradicional e decadente dos Meneses; a segunda, fraca, que se submete às traições de sua mãe, a vidente Lina de Val Flor, que a prostitui disfarçadamente.

Em "Crime do dia", de cada mulher vitoriosa, cinquenta são assassinadas, esquartejadas, sedutoras, prostituídas, fúteis, violentadas e ladras. Questionamos essa mulher cardosiana que representa a maior parte dos personagens em suas histórias. São assassinas? São vítimas? São trabalhadoras? Lúcio desenvolveu uma enorme galeria de mulheres, que são as principais personagens no período. A coluna, como explicamos anteriormente, era voltada para o público urbano e suburbano, e os personagens espelhavam a realidade dos leitores do jornal: mulheres da pequena burguesia, que se dividiam entre os afazeres domésticos e o trabalho.

Violeta, da crônica "A sedutora", lembra-nos Nina, que só surgiu sete anos depois como a personagem de *Crônica da casa assassinada*. O espírito do escritor trabalha na direção de uma única obra, que "não é acabada, nem inacabada: ela é", como escreve Blanchot (1987, p. 12). Podemos acrescentar que Lúcio trabalha em torno e na direção de sua única obra, à qual ele pertence, não importando muito o formato, os gêneros, os temas. As várias obras de um autor estão em permanente contato e confluem para essa obra única. Percebemos nessas crônicas, sendo feitas para a imprensa e, por isso, estando sob o signo da urgência que o jornalismo emprega a seus textos, traços dessa grande narrativa.

Seis anos após o fim de sua coluna de crimes, Lúcio lança *Crônica da casa assassinada*, em 1959. A crítica à *Crônica* foi impiedosa. E dessa vez foi Lúcio Cardoso quem incendiara a cidade. É quando ele ressurge, uma década depois de estar ausente da grande literatura, período em que se dedica às miudezas para sobrevivência.

Lúcio foi acusado de todos os possíveis crimes morais ou amorais, mas foi a partir desse bom escândalo que o escritor sacudiu o *status quo* brasileiro, mantendo "o leitor na beirada da morte, nessa posição de mal-estar, ao mesmo tempo dominado pelo clima de mistério e paixão" (Bedran *in* Brandão, 1998, p. 136).

REFERÊNCIAS

AMADO, J. Maleita. *O Jornal*, Rio de Janeiro, Segunda Seção, p. 1, 7 out. 1934.

BEDRAN, A. M. "A paixão segundo Lúcio Cardoso". In: BRANDÃO, R. S. (org.), *Lúcio Cardoso, a travessia da escrita.* Belo Horizonte: Humanitas/Editora UFMG, 1998, p. 136.

BENJAMIN, W. *Obras escolhidas III*: Charles Baudelaire, um lírico no auge do capitalismo. São Paulo: Brasiliense, 1989. p. 78.

BLANCHOT, M. *O espaço literário*. Rio de Janeiro: Rocco, 1987. p. 12.

BUENO, L. *Uma história do romance de 30*. São Paulo: Edusp, 2006.

CARDOSO, Lúcio. *Contos da ilha e do continente de Lúcio Cardoso* (Organização de Valéria Lamego. Rio de Janeiro: Civilização Brasileira, 2012).

______. *Diário completo*, Rio de Janeiro: Livraria José Olympio, 1970, p. 140-141.

CARELLI, M. Corcel de fogo: vida e obra de Lúcio Cardoso (1912-1968). Rio de Janeiro: Guanabara, 1988.

DANTAS, R. de S. Lúcio Cardoso, jornalista. *Jornal do Brasil*, Rio de Janeiro: Arquivo Maria Helena Cardoso, Arquivo Museu Literatura Brasileira, Fundação Casa de Rui Barbosa, [s.d.].

GOTLIB, N. B. *Teoria do conto*. São Paulo: Ática, 2000. p. 34

HALLEWELL, L. *O livro no Brasil*. São Paulo: Edusp, 2005.

LAMEGO, V. *O conto e a vida literária de Lúcio Cardoso (1930-1959)*. 2013. Tese (Doutorado) – Programa de Pós-graduação em Literatura, Cultura e Contemporaneidade, Departamento de Letras, Pontifícia Universidade Católica do Rio de Janeiro, Rio de Janeiro, 2013.

O PAVÃO DE LUTO

Luiz Carlos Lacerda

Há meio século, a literatura brasileira perdia o romancista, poeta, memorialista, dramaturgo, argumentista, roteirista de cinema e pintor Lúcio Cardoso.

Mineiro de Curvelo, estreou em 1934 com o romance *Maleita*, escrito na adolescência. O livro narra a saga da fundação de uma cidade assolada pela peste – inspirada num episódio da vida de seu pai, Joaquim. Inscrevia-se no gênero do romance social – praticado na época por Graciliano Ramos, José Lins do Rêgo, Rachel de Queiroz, Jorge Amado e outros –, tendo o Nordeste como foco. No entanto, havia ali indicações sutis e inevitáveis de uma linha literária que marcaria e reuniria – mesmo sem estabelecer propriamente uma escola – um pequeno grupo dedicado a esmiuçar a alma de seus personagens, sua psicologia e introspecção.

Octávio de Faria, Cornélio Penna e a jovem Clarice Lispector – trazida por Lúcio Cardoso, que emprestaria o título *Perto do coração selvagem* (1943) ao seu primeiro romance – constituíram aquilo que significou a contramão dessa visão de mundo marcada pela influência marxista, preocupada com a questão social, mergulhando na subjetividade de seus personagens, seus conflitos, aflições e alguma esperança caracterizada pela religiosidade. Uma religiosidade que cobriria de sombra e culpabilidade a ação de sua dramaturgia e de suas narrativas.

Lúcio Cardoso foi o escritor que, depois de *Salgueiro* (1935) – romance ambientado na favela do Rio de Janeiro –, mais profundamente se enveredou nesse terreno pantanoso e movediço da condição humana. Clarice, ungida por sua sensibilíssima alma feminina, chegou ao limite inimaginável de descrever o nascedouro das emoções, na fímbria das palpitações desses corações selvagens e imprevisíveis, registro da inadequação das almas atormentadas e no limite da razão.

Cornélio e Octávio – cada um à sua maneira – inseriram a subjetividade conflitante de seus personagens no tumultuoso e vulcânico circo das relações sociais, sem a prioridade que os romancistas do Nordeste lhes dedicaram, mas considerando-as nos arredores de suas tramas, como o pano de fundo, a boca de cena dessas encenações também delineadas pelas sombras da culpa e da noção de pecado, de morte e de redenção.

Se Lúcio acreditava num Cristo à imagem do homem – como declarou insistentemente em seus Diários –, também era crente no milagre consumado em sua obra-prima *Crônica da casa assassinada* (1959). A ressurreição da carne através do amor e do pecado.

O Deus de Clarice é o mistério. É a maçã no escuro às vésperas de seu incêndio de fé. É a nostalgia do paraíso habitado, anterior ao pecado original e contemporâneo. Seu inferno é o elevador enguiçado, é o terror de ter de escrever a crônica do dia seguinte, é a morte de seu cão ou a empregada que não veio na segunda-feira, é a espera pelo amigo atrasado ao encontro no restaurante – e ela não sabe o que pedir para o garçom e nem o que fazer com as mãos. É o purgatório do cotidiano empobrecedor dos dias comuns que se confundem com a morte.

Se Clarice, nesses 50 anos sem Lúcio, alcançou o sucesso editorial e internacional graças à apaixonada dedicação do americano Benjamin Moser (autor da sua bela biografia e das antologias que se seguiram, de contos e crônicas) e que provocou uma popularização de sua obra, Cornélio e Octávio caíram no esquecimento. Não fosse a fidelíssima adaptação de sua obra *Fronteiras* (1935) pelo cineasta mineiro Rafael Conde, realizada em 2008, Cornélio continuaria no fundo das bibliotecas de seus fanáticos admiradores. Diga-se de passagem, seu romance *A menina morta* (1954) chegou a ser roteirizado por Glauber Rocha, um de seus maiores aficionados.

Com Lúcio Cardoso, nessas cinco décadas sem sua presença, a abnegada dedicação de seu sobrinho-neto e também escritor Rafael Cardoso tem garantido inúmeras e permanentes reedições de suas obras no nosso mercado, na Europa e nos Estados Unidos – onde recentemente foram publicadas as traduções de *Crônica da casa assassinada*, em Portugal e nos Estados Unidos.

Além de quase toda a sua obra merecer reedições, um fato raro sucedeu – a publicação de seu *Diário*, desta vez, de fato completo, alcançou uma segunda edição quase em seguida ao lançamento da primeira, graças a Ésio Macedo

Ribeiro – também responsável pela sua *Poesia completa*, obstinada, dedicada e minuciosa pesquisa também publicada.

Vale registrar o trabalho de Valéria Lamego, num verdadeiro mergulho arqueológico nos periódicos cariocas em busca de contos publicados e reunidos por ela na edição de *Contos da ilha e do continente*, assim como no livro de Beatriz Damasceno, *Lúcio Cardoso em corpo e escrita* – sensível testemunho da luta de um escritor impedido do uso da palavra na procura desesperada de se expressar.

Lúcio Cardoso cultivou profunda relação com o cinema e suas obras tiveram diversas versões para as telas. O diretor Paulo César Saraceni se dedicou à obra do escritor mineiro com três obras para o cinema. A primeira foi *Porto das Caixas*, baseado em argumento original de Lúcio Cardoso. O filme, primeiro longa-metragem do cineasta, estreou em 1962 e se tornou um clássico do Cinema Novo. Em 1971, recriou a obra-prima *Crônica da casa assassinada* sob o título *A casa assassinada*, que contou com trilha de Antônio Carlos Jobim. A chamada Trilogia da Paixão se encerrou com *O viajante* (1998), que aguarda adaptação para a televisão, em andamento.

Pessoalmente, dediquei parte de minha filmografia à obra desse escritor. Meu primeiro filme, o curta *O enfeitiçado* (1968), revelava o milagroso processo de nascimento de uma nova forma de expressão através da pintura, de um escritor fisicamente impedido de continuar a sua obra. Seguiu-se a adaptação livre de *Mãos vazias* (1938), meu primeiro longa-metragem, lançado em 1970 no circuito comercial e em festivais de cinema internacionais.

Um caso especial foi a realização de *A mulher de longe*, em 2012, longa comemorativo do centenário de Lúcio, a partir de material de seu filme inacabado de 1949. A produção resgatou imagens inéditas e dadas como perdidas – encontradas na Cinemateca Brasileira –, o diário das filmagens e o roteiro com minuciosa decupagem técnica, sob guarda do Museu da Literatura Brasileira, da Fundação Casa de Rui Barbosa.

Na pesquisa realizada na Casa de Rui Barbosa, encontrei os originais do argumento inédito de *Introdução à música do sangue*, que Lúcio me presenteou durante as filmagens de *O enfeitiçado*, em 1968, e que realizei entre 2014 e 2016.

Recentemente, filmei *O que seria deste mundo sem paixão?*, argumento original de minha autoria que narra o hipotético encontro dos fantasmas de Lúcio Cardoso e do poeta Murilo Mendes, amigos, e dos personagens de seus romances e poemas – inédito nas salas de cinema e na TV e exibido em festivais no Brasil e no exterior.

A literatura de Lúcio Cardoso, nesses 50 anos de sua ausência, caminha com seus passos próprios, sem ambições maiores – como foi a vida do escritor –, apenas a de ser porta-voz das contradições, sofrimentos e sonhos que a alma de seus personagens vem desenhando nesse painel de eternidade que são os sentimentos do homem.

"O QUE OLHA POR MIM SÃO SEMPRE OLHOS DE MENINO": O CRIADOR DE IMAGENS

Andrea de Paula Xavier Vilela

O ser humano desenvolve sua capacidade criativa por meio da sua experiência do mundo. Na infância aprendemos através do corpo. Um simples gesto, que deixa rastros sobre uma superfície, já denuncia a capacidade de interferir sobre as coisas e de deixar uma marca pessoal no mundo. Passamos da garatuja, a primeira manifestação gestual da criança sobre a convidativa superfície em branco, para o traço que intenta representar a nós mesmos, as pessoas e as coisas que fazem parte do nosso universo infantil. Começamos a configurar nossa realidade cotidiana, nossas fantasias e invenções por meio do desenho (Figura 1).

A origem comum das palavras designar e desenhar aponta para a ação de indicar, marcar, notar, traçar. Alude, ainda, a um ato de vontade que se origina a partir de um determinado propósito que pode estar relacionado à pura expressão do sujeito ou à necessidade de elaboração de suas ideias. O traçar é uma de nossas primeiras atitudes no movimento de criar. O traço, trazido pelo gesto que concretiza uma ideia ou uma moção, é resultado de uma ação que implica dar forma e significar.

Cecília Almeida Salles (2009), em seus estudos sobre as relações do desenho com os processos de criação, chama a atenção para o fato de que o desenho, como reflexão visual, não se limita à figuração, mas abarca as formas de representação visual de um pensamento. Nesse sentido, é possível identificar, nos mais diversos tipos de anotações, o traço do desenho que age como materialização de uma ideia. Salles ressalta, ainda, que matéria são os recursos de que se vale para tornar algo concreto.

Figura 1 – Desenho de Verônica aos 3 anos.

Se dermos continuidade à noção de matéria como algo que se aplica a todas as áreas de criação, é possível ainda relacionar a materialidade do desenho com a da caligrafia. Em ambos fica denunciado o gesto do seu autor e, mais que isso, a lembrança de uma presença física, corpórea, uma relação direta do corpo do sujeito com a superfície marcada (Figuras 2 e 3).

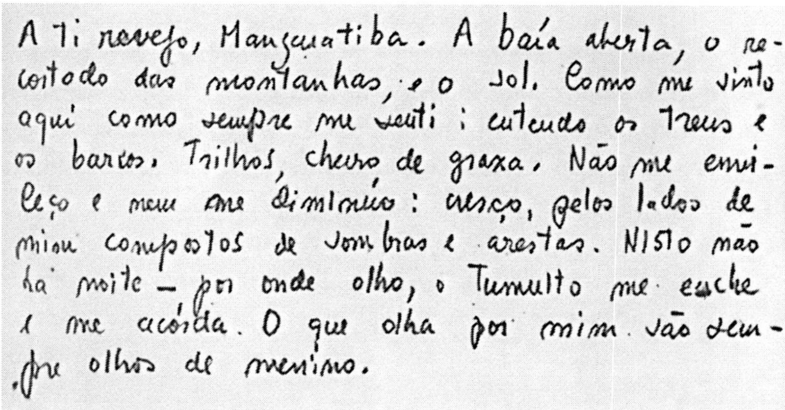

A ti revejo, Mangaratiba. A baía aberta, o recortado das montanhas, e o sol. Como me sinto aqui como sempre me senti: entendo os trens e os barcos. Trilhos, cheiro de graxa. Não me envileço e nem me diminuo: cresço, pelos lados de minas compostos de sombras e arestas. Nisto não há noite – por onde olho, o tumulto me enche e me acorda. O que olha por mim são sempre olhos de menino.

Figura 2 – Trecho do manuscrito do *Diário* de Lúcio Cardoso.

Figura 3 – Desenho de paisagem de Lúcio Cardoso.
Sem Título – S/D

Lúcio Cardoso tinha por hábito escrever à mão. Toda sua obra foi manuscrita, o que empresta ao seu trabalho um caráter de relação pessoal, física e corpórea, entre autor e obra. Além de escrever, pintava e desenhava ocasionalmente. Aos cinquenta anos, porém, foi acometido por um derrame que o deixou afásico. Impedido de escrever, passou a se valer do desenho e da pintura como forma de expressão. O ditame de seu impulso criador o levou a encontrar uma maneira de continuar a se inscrever na vida.

Após o derrame, por indicação de Pedro Nava, Lúcio passa a frequentar a ABBR, (Associação Brasileira Beneficente de Reabilitação), para tratamento por meio de fisioterapia, fonoaudiologia, musicoterapia e terapia ocupacional. Lindaura Portela, pintora e terapeuta ocupacional que cuidava de Lúcio, passou a pesquisar suas aptidões naturais, o que levou à redescoberta da pintura. Estimulado a voltar a pintar, agora com a mão esquerda, começa uma nova fase na vida.

Os trabalhos iniciais denunciam a dificuldade motora, guardando semelhança com traçados infantis. Essa semelhança faz pensar na fase que principiava como uma espécie de infância, nesse renascer de uma nova vida que o aguardava. Um de seus primeiros desenhos dessa fase parece acusar essa relação simbólica. Nele, vê-se uma espécie de parque com uma roda gigante e uma lona armada. O menino Nonô que o habitava parece pôr os olhos de fora e voltar a criar imagens tiradas de um entrelugar entre o vivido e o imaginado (Figura 4).

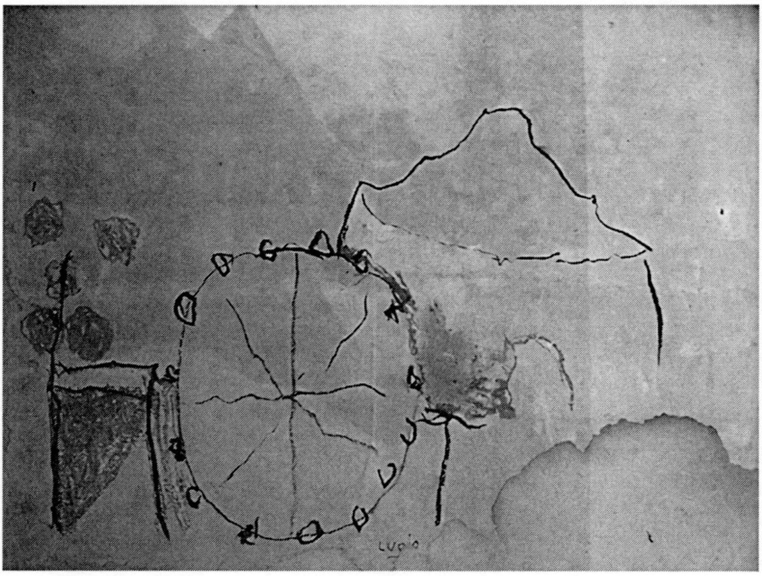

Figura 4 – Um dos primeiros desenhos de Lúcio Cardoso – Técnica Lápis de cera –S/D – Coleção particular.

Aos poucos, o Corcel de Fogo, reconhecido por Clarice Lispector, vem surgindo montado por esse menino que não quer morrer. Surgem plenas de cor, de massa e de gesto, paisagens e figuras que residiam no seu universo interior feito do barro da lembrança e da paixão (Figuras 5 e 6).

Quem conhece a obra de Lúcio é capaz de reconhecer nele, além de um delator do que há de mais escondido na alma humana, um sofisticado criador de imagens. Formas, cores, manchas, sombras, luzes, figuras, objetos, cenas, paisagens ocupam espaço nas entrelinhas do texto, transbordando para fora da página e explodindo diante das retinas estupefatas do leitor, que é capturado por esse amálgama de texto, imagem, poesia, paixão.

Figura 5 – Sem título, óleo sobre tela. S/D. Coleção particular.

Figura 6 – *Paisagem*, óleo sobre tela, 1961. Coleção particular.

É o próprio Lúcio quem revela de onde tira as imagens presentes na escrita, na pintura e nos desenhos. Em seu diário, afirma que seu olhar é filtrado pela memória. Assim escreve: "as coisas para serem vistas por mim, têm necessidade de preexistirem no meu íntimo" (Cardoso, 2012, p. 472). Se é possível afirmar que a obra é uma só e que o que varia são os meios utilizados para realizá-la, no caso de Lúcio pode-se também afirmar que a principal matéria que a compõe também é a mesma. O que a alimenta, ou o principal elemento de composição dessa obra, é a memória. Esta é, para Lúcio, o alimento poético que colabora na atmosfera de suas criações. É das névoas imprecisas da lembrança que surgem as imagens que recria, filtradas pelas impressões de seus olhos de menino. As paisagens que encontra e com as quais se identifica não são por ele descobertas, mas sim reconhecidas, segundo suas palavras – "uma verdade que do lado de fora vem encontrar o seu eco (...), eco de uma verdade existente ou existida" (*ibid.*, p. 473) –, e que desperta alguma coisa remota retida nas retinas do menino. Em outro trecho, revelaria "O que olha por mim são sempre olhos de menino" (*ibid.*, p. 497).

Suas estranhas paisagens e figuras, estejam elas nos romances ou nas pinturas, parecem pertencer ao "tempo do perdido", expressão sua. Seu olhar, transformado pelo filtro da memória, é o que faz com que Lúcio componha sua obra com uma mesma matéria-prima de lembrança e paixão.

Muitas vezes, Lúcio recorreu à expressão visual para se aproximar de seus personagens. Há desenhos e pinturas, tanto de antes quanto de depois da doença, que mostram isso. Como um desenho a pastel anterior à doença, em que se diz representar a personagem Nina, ou uma pintura da fase pós-derrame, que se supõe representar o Viajante, ou ainda esboços que guardam relação direta com suas obras, como esse, talvez um cartaz para sua peça " A corda de prata"? (Figuras 7, 8 e 9).

Nos diários, Lúcio diversas vezes traz reflexões que são como chaves de leitura para sua obra. Num determinado trecho, afirma o seguinte:

> Posso definir no entanto: o romance, por exemplo, não é para mim como uma pintura (abaixo os homens do pincel!) mas como um estado de paixão. Não quero que o meu possível leitor encontre tal ou tal árvore, tal ou tal banco, semelhante ao banco, à árvore que conhece. Quero – e com que violência – que ele depare em meus escritos com uma árvore e um banco recriados através de um movimento de paixão, e que assim designados, assim reconhecidos, possa situá-los em seu espírito como elementos da minha atmosfera de declive e tempestade. (Cardoso, 2012, p. 532)

Figura 7 – *Nina* (Título atribuído), Pastel sobre papel, 1958, coleção particular.

Figura 8 – *O viajante* (título atribuído), óleo sobre tela, S/D. Coleção particular.

Figura 9 – Estudo para *A Corda de Prata*, pastel sobre papel, 1947.
Acervo Casa de Rui Barbosa.

Nessa afirmação, em tom de manifesto, Lúcio diz não querer que seu leitor se depare, em seus romances, com uma árvore ou um banco reconhecíveis, mas que aqueles com os quais vai se deparar foram transformados, recriados, através de um movimento de paixão. Parece querer dizer que isso os diferenciaria de um banco ou de uma árvore pintados, diante dos quais é possível identificar-se pela semelhança de forma um banco, uma árvore. Embora reafirme a diferença entre o romance e a pintura, o primeiro uma obra a ser fruída no tempo e a segunda no espaço, esse desejo, porém, parece acompanhá-lo quando ele se lança a um trabalho de pintura, pois, as cenas, as paisagens e os personagens que encontramos nelas são tão subjetivos que é possível perceber se tratarem de imagens recriadas pela paixão e colhidas de algum lugar entre as brumas da lembrança. Elementos de sua atmosfera de declive e tempestade.

Quando observamos, por exemplo, suas pinturas ou desenhos, a impressão que se tem é a de que não houve necessidade de uma referência – seja uma foto, um esboço, um croqui, seja até mesmo uma gravura – para sua composição. Além de possuírem certa liberdade composicional, em alguns momentos quase infantil, percebe-se que as imagens que contêm fazem parte de um universo que não se encontra limitado à realidade (Figura 10). Mário Carelli corrobora essa impressão quando escreve que

> Diante das pinturas, o primeiro aspecto a chamar a atenção do leitor dos romances é o poder de criar ambientes e, mais precisamente, personagens portadores de um clima. Em segundo lugar, somos tocados pelas montanhas de Minas Gerais e pelo litoral do Rio de Janeiro, investidos de um influxo antropomórfico. (Carelli, 1988, p. 82)

Figura 10 – *Paisagem*, Guache sobre papel, S/D, coleção particular.

Lúcio revela que suas paisagens estão relacionadas a um estado de alma, e isso fica evidente tanto na escrita quanto na obra plástica. O "influxo antropomórfico" de que fala Carelli empresta às suas paisagens e aos elementos que as compõem algo que as relaciona a sentimentos e conflitos humanos. Há um pastel seu (Figura 11), por exemplo, que consiste numa estranha paisagem de árvores retorcidas. A impressão que nos causa é a de estarmos entrando num bosque do inferno de Dante, e que toda a paisagem se retorce sofredora, atormentada pela danação.

Isso também é identificado nos romances, como, por exemplo, na Casa que adoece juntamente com a decadência da família dos Meneses e a enfermidade agônica de Nina, na *Crônica de uma casa assassinada*; bem como na paisagem que a chácara anuncia, numa atmosfera de decadência, o ocaso da família. Essa paisagem é permanentemente envolvida pelos acontecimentos e modifica-se conforme mudam os humores ou conforme se vê invadida pela ameaça de algo intangível como o sol amarelo de meio-dia, com sua fixidez que denuncia a presença do mal que paralisa tudo. Esse mesmo amarelo irá tingir os olhos enfermos de Zeca, no viajante. Olhos que irão contrastar com o azul intenso do céu que se expande acima da paisagem trágica que será o cenário da sua imolação, cenário esse que é tão retorcido quanto o doente e morbidamente medonho como o ato inominável que será praticado por sua mãe.

Figura 11 – *Paisagem*, pastel sobre papel, S/D, coleção particular.

Os olhos amarelos voltam a surgir na poesia "Anuncia teu oculto amarelo: anuncia esse amarelo tenso. Ó melodia de óxido de gesso, estátua, ferrugem: que cor esconde em tua imagem e fuzila, silente, em teus olhos de sombra?" (Cardoso, 2006, p. 316). O sol amarelo vem tingir outro jardim, "este amarelo, este amarelo assim quente e fulgurante como uma réstia de sol, onde o vi, em uma janela aberta o deparei um dia, em que canteiro esfacelado, sobre que papoula morna e sem remorso?" (Cardoso, 1970, p. 30). O texto continua: "E à força de investigar lembro-me que foi em tal e tal época, a sensação se torna sentimento, o sentimento lembrança, a imagem surge inteira: um farrapo de seda que certa manhã distante agitei junto a uma rampa como uma bandeira de vitória (...)" (Cardoso, 2012, p. 212).

O amarelo pode se transfigurar em singeleza. O reconheço como um sentimento e uma lembrança, num pastel feito por ele rapidamente sobre os joelhos para minha mãe, num dia de festa e embriaguez, quando retirou de algum lugar do vivido uma igrejinha solitária que parece ser vista de baixo para cima como sob a ótica de um menino (Figura 12).

A capacidade de lidar com a plasticidade das imagens e de manipular elementos que participam intimamente do universo da expressão visual na composição de sua escrita – cores, traços, manchas, contrastes, luzes, sombras – ajuda a alinhavar os meios de que se valeu para se exprimir, e foi de grande importância quando precisou passar de escritor que pintava, esporadicamente, para pintor que tentava manter-se vivo alimentando-se dos mesmos elementos que o levaram um dia a escrever. Entretanto, Lúcio não fazia literatura pintada, nem tampouco pintura verbalizada. Os elementos plásticos, poéticos e literários desempenharam, cada qual, o papel que lhes cabia de acordo com o meio em que foram usados.

Figura 12 – *Paisagem com igreja*, pastel sobre papel, S/D, coleção particular.

Quando Lúcio (2012, p. 436) afirma em seu *Diário*: "Há em mim, sem nenhuma dúvida, um artista plástico fracassado. Em certos momentos, tenho a impressão de que escrevo como se desenhasse", acredito, na verdade, estar se referindo ao apelo plástico que percebe nas coisas e que transpõe para sua escrita. Aqui, volto ao trecho do diário já citado em que brada "abaixo os homens do pincel". Note-se que, logo em seguida, declara querer que seu leitor se depare com árvores e bancos que, por ele *designados*,[1] possam ser situados pelo leitor como elementos de sua "atmosfera de declive e tempestade". Com

1 Grifo meu.

essa afirmação, Lúcio acaba por declarar o parentesco de *desígnio* que há entre a escrita e o desenho.

No traçado de sua obra, os elementos visuais vão aparecendo, ajudando a criar atmosferas, denunciando sentimentos, ora ruidosos, ora silentes, indo do traço à mancha, da cor à não cor. Como o branco e o preto que encerram a ideia de presença e ausência de luz.

> Branco, é imaginar
> o horror de todo preto;
> é giz a relampejar
> em azul de carbureto;
> dura figura a traçar
> em seu leito de cal,
> branco e preto a espaçar,
> desataviado Adão,
> nu, na gravura original. (Cardoso, 2006, p. 518)

Esse silêncio do preto também invade suas pinturas. Pode ser visto a silenciar uma paisagem urbana em que, por trás do escuro preto e dos troncos enegrecidos de árvores inventadas, emerge agarrada à esperança de um azul (Figura 13). Parece uma cidade fantasma, ou uma cidade sem nome que se adaptará facilmente a qualquer um com quem se queira designá-la: Curvelo, Belo Horizonte, Rio de Janeiro, Vila Velha, não importa.

O silêncio pode ser angustiante, mas pode também ser pura calma a apaziguar uma alma atormentada. Lúcio escreveria:

> O que mais me agrada nas litografias é o silêncio. Silêncio do preto, silêncio do branco. Silêncio do preto e do branco, unindo-se para compor essa pausa imensa – o cinza. Uma boa litografia canta por todos os lados. (Cardoso, 2012, p. 436)

Opostos numa escala tonal, a pausa abismal que há entre branco e preto pode ajudar a acalmar as vozes que o acompanharam como um castigo, transformando-as num canto que as afina em melodia – ou seria o apito de um trem? (Figura 14).

Figura 13 – *Paisagem*, óleo sobre tela, S/D, coleção particular.

Figura 14 – *Paisagem*, guache sobre papel, S/D, coleção particular.

Caminhando à beira-abismo, Lúcio reinventa seu universo de espanto e paixão.

REFERÊNCIAS

CARDOSO, Lúcio. Org. RIBEIRO, Ésio Macedo. *Diários*. Rio de Janeiro: Civilização Brasileira, 2012.

_____. *Poesia Completa*. São Paulo: USP, 2006.

CARDOSO, Lúcio. *Diário completo*. Rio de Janeiro: José Olympio, 1970.

CARELLI, Mário. *Corcel de Fogo*. Rio de Janeiro: Editora Guanabara, 1988.

SALLES, Cecília Almeida. *O gesto inacabado*. São Paulo: Anna Blume, 2009.

VILELA, Andréa P. X. *Lúcio Cardoso: o traçado de uma vida*. Tese de doutorado. Faculdade de Letras da Universidade Federal de Minas Gerais (UFMG), 2007.

SOBRE OS AUTORES

Rafael Cardoso é escritor e historiador da arte. Sua obra publicada inclui numerosos livros e ensaios sobre a história da arte e design no Brasil, voltada principalmente para o período entre 1840 e 1930. Publicou também quatro obras de ficção. Seu mais recente romance, *O Remanescente* (2016), foi publicado simultaneamente no Brasil, pela Companhia das Letras, e na Alemanha, por S. Fischer.

Ésio Macedo Ribeiro é doutor em Literatura Brasileira pela USP, escritor e bibliófilo. Autor, entre outros, de *Pontuação circense* (Ateliê Editorial, 2000), *O riso escuro ou o pavão de luto: um percurso pela poesia de Lúcio Cardoso* (Edusp/Nankin, 2006) e *Drama em sol para o século XXI* (Ed. do Autor, 2011). Organizador da *Poesia completa* (Edusp, 2011) e dos *Diários* (Civilização Brasileira, 2012) de Lúcio Cardoso; e ainda da tradução de Lúcio Cardoso de *O vento da noite* de Emily Brontë (Civilização Brasileira, 2016).

Gustavo Silveira Ribeiro é professor de Literatura Brasileira da Universidade Federal de Minas Gerais. Editor-chefe dos Cadernos Benjaminianos (UFMG). Entre seus títulos publicados estão *O drama ético na obra de Graciliano Ramos* (UFMG, 2016) e *Antevéspera, noite interior: atravessar uma canção que me atravessa* (Macondo, 2018).

Denilson Lopes é professor Associado da Escola de Comunicação da UFRJ e Doutor em Sociologia pela UnB. Autor dos livros *Afetos, Relações e Encontros com Filmes Brasileiros Contemporâneos* (Hucitec, 2016), *No Coração do Mundo: Paisagens Transculturais* (Rocco, 2012), *A Delicadeza: Estética, Experiência e Paisagens* (EdUnB, 2007), dentre outros.

Walmir Félix Ayala (1933-1991) foi poeta, romancista, memorialista, teatrólogo, crítico literário e crítico de arte. Foi muito amigo de Lúcio Cardoso, com quem dividiu semelhantes dramas existenciais e literários. É autor dos livros *À beira do corpo* (Letras & Artes, 1964), *Face dispersa* (Edição do Autor, 1955), *Antologia dos poetas brasileiros: fase modernista* (Tecnoprint, 1967), dentre outros.

Marília Rothier Cardoso é professora de Literatura Brasileira do Departamento de Letras da PUC-Rio. É doutora em Letras pela PUC-Rio (1990) e atua tanto nos cursos de Graduação quanto no Programa de Pós-Gradução em Literatura, Cultura e Contemporaneidade da PUC-Rio. Atua nas áreas de crítica literária, composição textual, arquivo e crítica biográfica.

Elizabeth Cardoso é professora doutora no Programa de Estudos Pós-Graduados em Literatura e Crítica Literária da Pontifícia Universidade Católica de São Paulo (PUC-SP). É autora dos livros *Feminilidade e transgressão: uma leitura da prosa de Lúcio Cardoso* (Humanitas/Fapesp, 2013) e *Literatura e Ensino* (Capes/Educ, 2018), dentre outros.

Fernando Monteiro de Barros é doutor em Letras Vernáculas (UFRJ, 2002) e professor adjunto de Literatura Brasileira na Faculdade de Formação de Professores da UERJ. Desenvolve os projetos de pesquisa Literatura Gótica Brasileira, O Decadentismo na Poesia Brasileira 1880-1920 e Modernismos Crepusculares, dentro da linha de pesquisa Literatura, Teoria e História.

Leandro Garcia Rodrigues é doutor e pós-doutor em Estudos Literários pela PUC-Rio; pós-doutor em teologia pela Faculdade Jesuíta de Teologia e Filosofia – FAJE. Professor adjunto de Teoria Literária da Faculdade de Letras da UFMG, atuando na graduação e no Programa de Pós graduação em Estudos Literários.

Ruth Silviano Brandão é professora aposentada da UFMG, escritora, poeta e tradutora. Escreveu, entre outros livros, *Lúcio Cardoso – a travessia da escrita* (Ed. UFMG, 1998), *Mulher ao pé da letra* (Ed. UFMG, 1993), *A vida escrita* (7Letras, 2006), *Machado de Assis leitor – uma viagem à roda de livros* (com José Marcos Resende Oliveira; Ed. UFMG, 2011) e *Minha ficção daria uma vida* (Com-Arte, 2010).

Beatriz Damasceno é doutora em Letras pela PUC-Rio; pós-doutora em Letras pela PUC-Rio e pela UFMG. Professora de Literatura Brasileira da PUC-Rio. Desenvolve estudos sobre temas ligados à leitura, escrita e experiência, direcionando suas investigações para acervos literários e para a memória cultural brasileira. É autora do livro *Lúcio Cardoso em corpo e escrita* (EdUerj, 2012).

Rodrigo Coppe Caldeira é historiador, doutor em Ciências da Religião e professor do Programa de Pós-graduação em Ciências da Religião da PUC-Minas. Tem experiências na área de História com ênfase em História e Ciências da Religião, lidando principalmente com os seguintes temas: direita religiosa, conservadorismo, tradicionalismo, catolicismo contemporâneo, secularização.

Valéria Lamego é pesquisadora visitante do Programa Avançado de Cultura Contemporânea da Universidade Federal do Rio de Janeiro (PACC-UFRJ), no qual realiza seu pós-doutorado. Doutora em Literatura Brasileira pela Pontifícia Universidade Católica do Rio de Janeiro (PUC-Rio), é autora de *A farpa na lira: Cecília Meireles na Revolução de 30* (Record, 1996) e organizadora de *Joan Miró*, de João Cabral de Melo Neto (Verso Brasil, 2018); *Correspondência entre Monteiro Lobato e Lima Barreto* (Verso Brasil, 2017); *Aniki Bóbó*, de João Cabral de Melo Neto e Aloisio Magalhães (Verso Brasil, 2016); *Contos da ilha e do continente*, de Lúcio Cardoso (Civilização Brasileira, 2012); e *Obra em prosa*, de Cecília Meireles (Nova Fronteira, 1997). Em 2010, recebeu o Prêmio Funarte de Criação Literária pelo inédito *Crime na noite*. Em 2013, apresentou a tese *O conto e a vida literária de Lúcio Cardoso* (1930-1959) na PUC-RJ.

Luiz Carlos Lacerda é cineasta, roteirista e produtor carioca de 1945, tem como realização mais marcante o filme *Leila Diniz* (1987). Aos 19 anos, começou a trabalhar como assistente de direção de *Onde a Terra começa* (1965), de Ruy Santos. Mas sua "escola" no cinema foi o set dos filmes de Nelson Pereira dos Santos, de quem foi assistente de direção em diversos filmes, entre eles, *Azyllo muito louco* (1969) e *Como era gostoso o meu francês* (1970). Estreou na direção com uma adaptação do romance homônimo de Lúcio Cardoso, *Mãos vazias* (1971).

Andrea de Paula Xavier Vilela é professora Adjunta do Departamento de Desenho da Escola de Belas Artes da UFMG. Doutora em Literatura pela FALE-UFMG com a tese *Lúcio Cardoso – O traçado de uma vida* (2007) e mestre em Literatura pela FALE-UFMG com a dissertação *Olhar sobre uma Casa Escrita – A poética de Lúcio Cardoso no romance Crônica da Casa Assassinada* (2001).

1ª EDIÇÃO [2020]

Esta obra foi composta em Minion Pro e Din sobre papel
Pólen Soft 80g/m2 para a Relicário Edições.